Estudio antropológico de las estructuras cefálicas en una colección osteológica procedente de Chinchero (Perú)

An anthropological study of cephalic structures in an osteological collection from Chinchero (Peru)

José I. Herrera Ureña

Archaeopress Publishing Ltd
Gordon House
276 Banbury Road
Oxford OX2 7ED

www.archaeopress.com

ISBN 978 1 78491 271 0
ISBN 978 1 78491 268 0 (e-Pdf)

© Archaeopress and J I Herrera Ureña 2016

All rights reserved. No part of this book may be reproduced or transmitted,
in any form or by any means, electronic, mechanical, photocopying or otherwise,
without the prior written permission of the copyright owners.

Printed and bound in Great Britain by Marston Book Services Ltd, Oxfordshire

Índice

Resumen	vi
Abstract	vii
Agradecimientos	viii

INTRODUCCIÓN 1
    ANTECEDENTES DE LA COLECCIÓN OSTEOLÓGICA OBJETO DE ESTUDIO 1
    EL ESTUDIO DE RESTOS HUMANOS ANTIGUOS Y DISCIPLINAS CIENTÍFICAS RELACIONADAS 4
    LA DETERMINACIÓN DE SEXO, EDAD, ESTATURA Y ASCENDENCIA MEDIANTE EL ESTUDIO DEL CRÁNEO Y LA DENTICIÓN 4
    EL ESTUDIO ANTROPOLÓGICO DEL CRÁNEO 5
    EL MODELADO CEFÁLICO CULTURAL: SU IMPORTANCIA EN AMÉRICA 6
    LA ANTROPOLOGIA DENTAL EN EL ESTUDIO DEL INDIVIDUO Y DE LA DIVERSIDAD HUMANA 8
    OBJETIVOS 14

MATERIAL Y MÉTODO 15
    INVENTARIO DE LA COLECCIÓN, DETERMINACION DEL NÚMERO MÍNIMO DE INDIVIDUOS, TOMA DE DATOS Y REGISTRO FOTOGRÁFICO 15
    ANTROPOMETRÍA CRANEAL Y MANDIBULAR 16
        DETERMINACIÓN DE SEXO, EDAD Y ASCENDENCIA 16
    ESTUDIO ANTROPOLÓGICO GENÉRICO CRANEAL Y MANDIBULAR 20
        ESTUDIO MORFOSCÓPICO CRANEAL Y MANDIBULAR 20
        ESTUDIO MÉTRICO CRANEAL Y MANDIBULAR 20
        ESTUDIO PALEOPATOLÓGICO 21
        ESTUDIO PARTICULAR DE LAS MODIFICACIONES CRANEALES 21
        ESTUDIO ANTROPOLÓGICO DENTAL 22

RESULTADOS 24
    INVENTARIO, DETERMINACIÓN DEL NÚMERO MÍNIMO DE INDIVIDUOS, CARACTERÍSTICAS DE LA COLECCIÓN, ESTADO DE CONSERVACIÓN Y PROCEDENCIA DE LOS RESTOS 24
    ANTROPOMETRÍA Y MORFOSCOPIA GENERAL 26
    SEXO, EDAD Y ASCENDENCIA 26
    ESTUDIO ANTROPOLÓGICO GENÉRICO CRANEAL Y MANDIBULAR 29
        ESTUDIO MORFOSCÓPICO 29
        ESTUDIO MÉTRICO 29
    ESTUDIO PALEOPATOLÓGICO 29
        ESTUDIO DE LAS MODIFICACIONES CRANEALES 34
    ESTUDIO ANTROPOLÓGICO DENTAL 38
        INDIVIDUO Nº 27, CON DENTICIÓN MIXTA 38
        RESTO DE INDIVIDUOS CON DENTICIÓN DEFINITIVA 38

DISCUSIÓN 41
    INVENTARIO, CARACTERÍSTICAS DE LA COLECCIÓN Y PROCEDENCIA DE LOS RESTOS 41
    SEXO, EDAD Y ASCENDENCIA 42
    ESTUDIO ANTROPOLÓGICO CRANEAL 43
    ESTUDIO DE PALEOPATOLOGÍA 44
    MODIFICACIÓN CRANEAL 44
    ANTROPOLOGÍA DENTAL 47

CONCLUSIONES 49

BIBLIOGRAFÍA 50

ANEXOS 54

ANEXO 1: INVENTARIO 54

ANEXO 2.- DATOS ANTROPOMÉTRICOS (medidas en mm) 55

ANEXO 3: DATOS Y ESTIMACIÓN DE SEXO, GRUPO DE EDAD Y ASCENDENCIA 56

ANEXO 4: ÍNDICE CRANEALES Y MANDIBULARES 57

ANEXO 5: MORFOSCOPIA 1 58

ANEXO 6: MORFOSCOPIA 2 59

ANEXO 7: MODIFICACIÓN CRANEAL 1 60

ANEXO 8: MODIFICACIÓN CRANEAL 2 61

ANEXO 9: DATOS DEL ESTUDIO ANTROPOLÓGICO DENTAL DE LOS EJEMPLARES ADULTOS (CON DENTICIÓN DEFINITIVA) 62

Lista de figuras

Figura 1.- Croquis de las estructuras arquitectónicas de la excavación (Tomado de Alcina, 1976). ...2

Figura 2.- Croquis de los sectores de la excavación (Tomado de Alcina, 1976) 2

Figura 3.- Localización de los enterramientos y osarios marcados en el croquis de las estructuras arquitectónicas levantado por el equipo de la excavación (Tomado de Alcina, 1976). 3

Figura 4.- Perspectiva de una reconstrucción ideal del sitio arqueológico (Tomado de Alcina, 1976). 3

Figura 5.- Mapa de la distribución geográfica de las modificaciones craneales según consta en el original de Dembo e Imbelloni publicado en 1938. 6

Figura 6.- Clasificación genérica de las modificaciones craneales a partir de Imbelloni (Dembo e Imbelloni, 1938) y Tiesler (2012). 8

Figura 7.- Tipos de modificación craneal según Imbelloni. Izquierda: tabular oblicua. 8

Figura 8.- Tipos de modelado cefálico según Weiss, 1962. 9

Figura 9.- *Subtipos de modelado cefálico tabular* (Tomado de Tiesler, 2012; *Figura 11*). 10

Figura 10.- Morfología de los distintos tipos de cráneos modificados según la clasificación de Weiss (Tomado de Weiss, 1961, passim). 11

Figura 11.- Morfología de los distintos tipos de cráneos modificados según la clasificación de Weiss (continuación) (Tomado de Weiss, 1961, passim). 12

Figura 12.- Algunos rasgos del sistema ASUDAS con sus grados de expresión. Tomado de Cucina, 2011. 13

Figura 13.- Complejos dentales poblacionales (Hillson, 2002; Krenzer, 2006; Rodríguez Cuenca, 2003). 14

Figura 14.- Variables antropométricas registradas en cráneo y mandíbula. 15

Figura 15 .- Material utilizado para el registro de datos antropométricos. De izquierda a derecha: compás de espesor, calibre, simómetro y goniómetro. 16

Figura 16.- Características morfológicas para la determinación del sexo en el cráneo. 17

Figura 17.- Protocolo de Ubelaker para determinar el sexo. De arriba abajo: cresta nucal, mastoides, reborde supraorbitario, cresta supraorbitaria/glabela y mentón (Tomado de Buikstra y Ubelaker, 1994). 17

Figura 18.- Valoración de las ascendencia. Características antroposcópicas del cráneo de tres grupos de ascendencia principales en los Estados Unidos de América (Tomado de Byers, 2005). ...19

Figura 19.- Rasgos mandibulares para determinar la ascendencia (Reverte, 1999; Byers, 2005). ...19

Figura 20.- Valoración de las ascendencia. Rasgos para indígenas americanos (Gill, 1995). 19

Figura 21.- Índices craneales y mandibulares para determinar la ascendencia. 20

Figura 22.- Índices craneofaciales y mandibulares. 21

Figura 23.- Características a comprobar en el cráneo para el estudio paleopatológico. 21

Figura 24.- Deformidades craneales. 21

Figura 25.- Estudio antropológico dental. 22

Figura 26.- Esquema-resumen del protocolo de estudio*. 23

Figura 27.- Signaturas con las que están rotulados los ejemplares de la colección y numeración asignada para esta investigación. 24

Figura 28.- Detalles del inventario y número de individuos de la colección cráneo-mandibular. 25

Figura 29.- Características de la colección estudiada (GRI). 25

Figura 30.- Sexo. 26

Figura 31.- Representación gráfica de los resultados sobre sexo presentados en la Figura 30. 26

Figura 32.- Edad. 27

Figura 33.- Sexo y edad. 27

Figura 34.- Representación gráfica de los resultados sobre sexo y edad presentados en la Figura 33. 27

Figura 35.- Ascendencia y sexo. 28

Figura 37.- Arriba: ejemplar número 1, hiperdolicocráneo. Abajo: ejemplar número 5, mesocráneo. 28

Figura 36.- Representación gráfica de los resultados sobre ascendencia presentados en la Figura 35. 28

Figura 38.- Arriba: metopismo (persistencia de la sutura metópica) en un adulto (izq., ejempl. Nº 28) y en un niño (dcha., ejempl. Nº 27). Abajo: hueso apical único (izq., ejempl. Nº 15) y bipartito (dcha.; ej. Nº 7). 30

Figura 39.- Medias y desviaciones típicas de los resultados de cada variable métrica estudiada en los ejemplares de la colección y agrupados por sexos. 31

Figura 40.- Medias y desviaciones típicas de los resultados de cada variable métrica estudiada en los ejemplares de la colección agrupados por tipo de modificación craneal. 32

Figura 41.- Medias y desviaciones típicas de los resultados de cada variable métrica estudiada en los ejemplares exclusivamente femeninos de la colección agrupados según el tipo de modificación craneal. 33

Figura 42.- Entidades patológicas valoradas. 34

Figura 43.- Arriba izq.: lesiones inciso-contusas en frontal y parietal (ejemplar Nº 2). 34

Figura 44.- Cuantificación de los ejemplares con modificación craneal. 35

Figura 45.- Representación gráfica de los resultados presentados en la Figura 44. 35

Figura 46.- Tipología de cráneos en cuanto a su posible modificación. 36

Figura 47.- Tipo de modificación craneal (número y porcentaje) y zona de presión posterior. 37

Figura 48.- Representación gráfica de la frecuencia de los distintos tipos de modificación craneal tabular, con especificación de la región sobre la que se ejerce la presión posterior. 37

Figura 49.- Paralelismo u oblicuidad del plano de presión posterior resultante respecto del plano frontal que pasa por el bregma y el basion. 37

Figura 50.- Forma de la superficie de presión y presencia o no de banda sagital 37

Figura 51.- Relación entre modificación craneal y sexo 38

Figura 52.- Representación gráfica de los resultados sobre modificación craneal y sexo expresados en la Figura 51. 38

Figura 53.- Izquierda: canino superior con tubérculo e incisivo en pala (ejemplar Nº 12). Centro y derecha: dos molares con cúspide 7 (ejemplar Nº 27). 39

Figura 54.- Afectación por caries en los 14 individuos adultos. 39

Figura 55.- Algunos hallazgos dentales. 40

Figura 56.- Mandíbulas con segundos molares tetracuspídeos (ejemplares Nº 22 y 26) 40

A Laiqi

Resumen

En este trabajo se presenta un estudio antropológico de los cráneos y mandíbulas de una colección osteológica procedente de Chinchero (Perú), que se encuentra en el Museo de Arqueología y Etnología de la Universidad Complutense de Madrid. Dicha colección fue traída a España por la Misión Científica Española en Hispanoamérica tras las excavaciones llevadas a cabo en esta localidad, serrana y cercana a Cuzco, entre los años 1968 y 1971. Se exhumaron restos de 8 enterramientos individuales y de dos osarios correspondientes a época colonial temprana. La zona excavada correspondía a un palacio de verano, así como edificios administrativos y religiosos construidos por el inca Tupac Yupanqui, que reino entre 1471 y 1493. En una de estas estructuras de erigió la iglesia católica.

La colección craneomandibular está compuesta por restos de entre 33 y 48 individuos. El presente trabajo se centra en el grupo de ejemplares rotulados, que están en un estado de conservación aceptable y consiste en 28 cráneos y 14 mandíbulas. Se llevó a cabo un estudio morfoscópico, morfométrico, palepatológico y dental de los ejemplares así como una valoración particular de las modificaciones craneales culturales.

El grupo estudiado está compuesto por 8 individuos masculinos, 11 femeninos y 9 indeterminados. Un ejemplar corresponde a un niño de 6-12 años, 13 son adultos jóvenes, 8 maduros y 5 de edad avanzada. En 22 de ellos se ha podido estudiar su ascendencia morfoscópicamente, correspondiéndose los rasgos estudiados con los de la población amerindia o mestiza con fuerte influencia amerindia. En 6 de ellos no fue posible establecer la ascendencia. En 4 ejemplares se encontró hueso apical, uno de ellos bipartito, y en 9 se hallaron múltiples hueso *wormianos* en la sutura lambdoidea.

Se encontraron diversos alteraciones paleopatológicas como osteomas craneales, artrosis de la articulación temporomandibular y lesiones traumáticas contusas.

En el estudio dental, se apreciaron lesiones de caries en 9 de los 14 ejemplares adultos en que se conservan los dientes con una media de 2,29 lesiones por ejemplar, todos los cuales tenían desgaste dental, 5 de ellos de grado severo. Había perdida ósea alveolar por periodontitis en los 15 individuos dentados en vida. También se encontraron terceros molares impactados. Respecto a los rasgos dentales poblacionales, se apreció tubérculo palatino en un canino superior, segundos molares tetracuspídeos, prolongaciones de esmalte, cúspide 7 molar en un caso e incisivos en pala en sólo dos individuos. No se encontró tubérculo de Carabelli, protostílido ni cúspide 6.

Un aspecto particularmente interesante observado fue la existencia de modificaciones craneales culturales –propias de la tradición pre-colonial– de grado moderado en 15 ejemplares. De ellos, 14 eran de tipo tabular erecto y 1 anular oblicuo. Las erectas eran de dos subtipos: plano-lámbdico o (inca costeño) e intermedio (fronto-occipital costeño). Ambos subtipos corresponden a prácticas modificadoras propias de las regiones costeras del Perú, lo que sugiere el desplazamiento de población de estas áreas a la sierra o una cierta influencia cultural de las regiones de la costa que fueron anexionadas al imperio. El grado moderado de dichas modificaciones podría haber sido intencional tras la prohibición de esta práctica por la autoridades españolas, intentando enmascararlas de alguna forma. También es posible que, al menos una parte, no tuviera un carácter intencional, sino que fueran fruto de las posturas en que los recién nacidos eran colocados en sus cunas.

Abstract

In this work we present an anthropological study of crania and mandibles from the osteological collection from Chinchero (Peru), currently housed at the American Archaeological and Ethnological Museum of the Complutense University of Madrid. From 1968 to 1971, a team of archaeologists of the Spanish Scientific Mission in Hispanic America excavated the site of Chinchero, a small village located in the Andean high plateau near Cusco. As the result of this mission, remains from 8 single burials and two ossuaries dated to pre-colonial times were exhumed and brought to Spain. The excavated area included an ancient palace and several administrative and religious structures built by Tupac Yupanqui, who ruled the Inca Empire between 1471 and 1493. The surroundings of the catholic church, erected over one of these buildings, were excavated as well.

The studied cranio-mandibular collection is made up of remains from 28 individuals, 8 males, 11 females, and 9 of undetermined sex. One specimen corresponds to a 6- to 12-year-old child. Ancestry could be morphoscopically and metrically determined in 22 of them, linking their features in general to Amerindian population. Nevertheless, the presence of mestizo individuals with Caucasian influence can not be discarded. It was not possible to attribute ancestry to six of them. An apical bone was found in four skulls, one of them bipartite, and Wormian bones in the lambdoid sutures of 9 individuals. Several palaeopathological features were registered, such as cranial osteomas, temporomandibular joint arthrosis, and blunt trauma lesions.

The dental study revealed caries involvement in 9 of 14 adult specimens with preserved teeth, in an average of 2.29 lesions per individual. Everyone presented dental wear, five of them at a severe degree. Impacted third molars were also confirmed in two cases. There was alveolar bone loss caused by periodontitis in the 15 individuals dentated in life. Morphological dental traits were observed in several specimens as palatal tuberculum in one upper bicuspid, tetracuspid second molars, enamel extensions, molar 7 cusps in one case, and shovel-shaped incisors in only two cases. No Carabelli cusp, protostylid or molar 6 cusps were found.

One particularly interesting aspect observed was the existence of cultural cranial modifications – typical of pre-colonial tradition– of moderate degree in 15 specimens. Fourteen of them were tabular erect and one was annular, according to the Imbelloni classification. The erect tabular corresponded to two sub-types, according to Weis classification: the first one was lambda-flattened (coastal Inca type) and the second one was intermediate, flattened at both frontal and occipital bones (coastal frontal-occipital type). Both subtypes are typical of Peruvian coastal areas. This fact could suggest a population displacement from these areas to the mountain range and high plateau, or at least a certain cultural influence of the coastal regions over the highlands. The moderate degree of cranial modifications could be deliberate after the Spanish prohibition of that practice, trying to disguise the procedure in some way. An additional explanation could be that at least some of these modifications were not intentional, but the result of the persistent position of infants in the traditional cradles, a practice carried out far beyond the arrival of Spanish conquerors.

Agradecimientos

Al Prof. Alfonso Lacadena, del Departamento de Historia de América II (Antropología de América) de la Facultad de Geografía e Historia de la UCM, por su apoyo, su asesoramiento y su trabajo de dirección, además de por haber puesto a mi disposición todos los medios necesarios para la realización de este trabajo.

A la Prof. Alicia Alonso, directora del Museo de Arqueología y Etnología de América de la UCM, por cederme para su estudio la colección ósea objeto de este trabajo.

Al Prof. José Antonio Sánchez, director del Departamento de Toxicología y Legislación Sanitaria y del Laboratorio de Antropología Forense de la Facultad de Medicina de la UCM, por su asesoramiento y por la cesión de material técnico necesario para la realización de este trabajo.

Al Prof. Gonzalo Trancho, del Departamento de Zoología y Antropología Física de la Facultad de Ciencias Biológicas de la UCM, por sus consejos y opiniones.

A la Prof. Vera Tiesler y al Prof. Andrea Cucina, de la Facultad de Ciencias Antropológicas de la Universidad Autónoma de Yucatán (UADY) y a la Dra. Rosaura Yépez, doctora en Antropología por la Universidad Nacional Autónoma de México (UNAM), por cederme desinteresadamente sus publicaciones.

INTRODUCCIÓN

ANTECEDENTES DE LA COLECCIÓN OSTEOLÓGICA OBJETO DE ESTUDIO

Entre los años 1968 y 1971, se llevó a cabo en Perú un proyecto de investigación interdisciplinar dirigido por el Prof. Manuel Ballesteros y desarrollado por la Misión Científica Española en Hispanoamérica (Alcina, 1976), cuyo objetivo era el estudio de la Historia, el Arte colonial, la Etnología y la Arqueología de Chinchero. La parte arqueológica del proyecto fue dirigida por el Prof. José Alcina Franch.

Actualmente, Chinchero es un pequeño pueblo de la provincia de Urubamba, departamento del Cuzco (Perú), que conserva vestigios de la ocupación inca (Horizonte Tardío, 1476-1534), como un sistema de andenerías y su arquitectura característica, con muros de piedra, depósitos, almacenes, plazas, sistemas de drenaje y estructuras civiles y religiosas (Alonso, 2000).

Como demostró el estudio, estos restos arqueológicos correspondían a un lugar de descanso fundado por el Inca Tupac Yupanqui (1471-1493) y donde este soberano pasó sus últimos días (Alcina, 1976). La cerámica de época imperial encontrada correspondía al periodo 1480-1534, aunque también se identificaron piezas de cerámica *killque* y otros objetos líticos correspondientes a grupos preincaicos, posiblemente *ayarmaca* (1200-1480) (Alcina *et al.*, 1976; Alonso, 2000).

Como resultado de la intervención de esta misión arqueológica, fueron encontrados en este yacimiento restos humanos agrupados en ocho enterramientos y dos osarios. Respecto a los primeros, tres de ellos se encontraron en la zona del atrio de la iglesia, adyacentes a uno de los muros de la Estructura 9 y otros cinco (cuatros de adultos y uno de un niño) en la Estructura 2 y entre ésta y la Estructura 3 (Alcina, 1970). Alcina (1976) señala que parece obvio, por la posición de las manos, que estos enterramientos son de época colonial y que fueron realizados en un contexto cristianizado. En lo relativo a los enterramientos del atrio, señala que para realizarlos hubo que destruir parte de los cimientos de las estructuras allí localizadas, lo que apoya que correspondan a la época colonial, tras ser estos edificios demolidos para la construcción del atrio. Ya que se encontraron *tupus* en su ajuar, piezas típicamente incas, para Alcina, estos enterramientos "no son de época muy tardía tras la conquista", considerándose como entierros de transición (Alcina, 1970, p. 118). La datación se fijó entre 1540 y 1600.

Por su parte, se encontraron osarios en la zona del acceso oeste de la Estructura 1 y en el interior de la estructura 6. Según Alcina (ídem), los restos encontrados en ellos corresponderían a la población de Chinchero "más o menos inmediatamente anterior a la creación del cementerio". Alcina indica que, teniendo en cuenta que la ley de cementerios del Perú es de 1890, algunos de estos restos *podrían* ser bastante más recientes, incluso del siglo XIX. Por último, refiere no haber encontrado enterramientos incas anteriores a la conquista. Para la identificación de los sectores de excavación y de las estructuras arquitectónicas correspondientes, la localización de los restos objeto de este estudio y para tener una perspectiva de una reconstrucción ideal del yacimiento véanse las Figuras 1-4.

Los restos humanos encontrados en el asentamiento en las dos campañas de 1968 y 1969 fueron sometidos a un primer estudio antropológico por Varela (1972). De acuerdo a lo referido por este autor, la colección osteológica descrita incluye 24 cráneos —según se especifica en el Cuadro 1 de su trabajo—, 20 de ellos correspondientes a individuos adultos y 4 a juveniles; sin embargo, a la hora de realizar las descripciones de los ejemplares se limita a los 20 adultos. Asimismo, refiere en el inventario 23 fémures, 12 tibias, 17 húmeros, 7 cúbitos y 8 radios. Se trata, por tanto, de una colección heterogénea, en la que no se puede establecer una clasificación de los huesos por individuos.

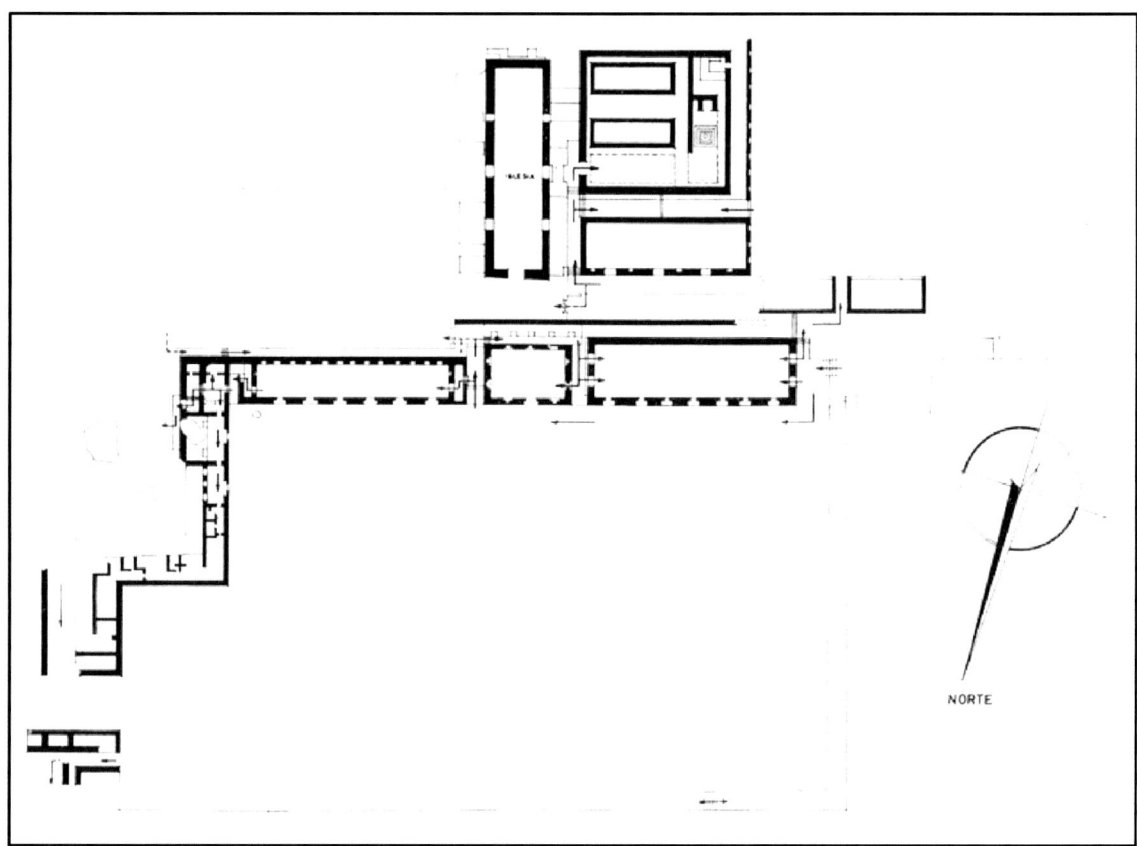

FIGURA 1.- CROQUIS DE LAS ESTRUCTURAS ARQUITECTÓNICAS DE LA EXCAVACIÓN (TOMADO DE ALCINA, 1976).

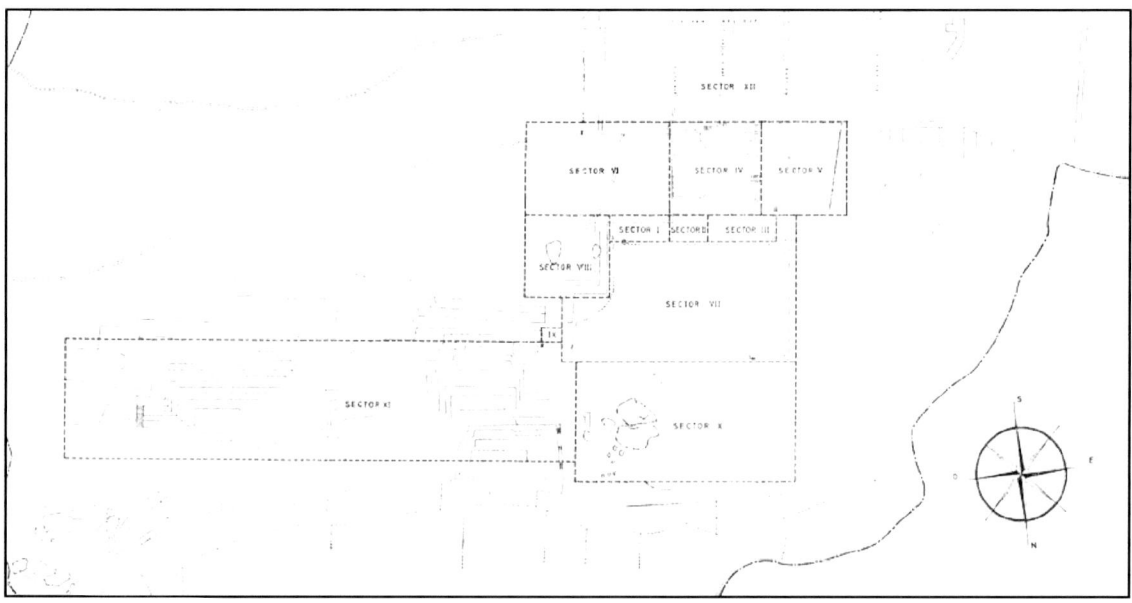

FIGURA 2.- CROQUIS DE LOS SECTORES DE LA EXCAVACIÓN (TOMADO DE ALCINA, 1976)

Varela hace un estudio antropométrico craneal clásico, determinando 24 medidas y extrayendo 13 índices. Puesto que muchos de los cráneos están deteriorados, hay muchas medidas que no se tomaron, pudiendo registrarse todas ellas solamente en un ejemplar. Asimismo, hace una estimación de la estatura mediante las fórmulas de Pearson, basándose en los huesos largos, y menciona las modificaciones craneales que identifica en algunos ejemplares.

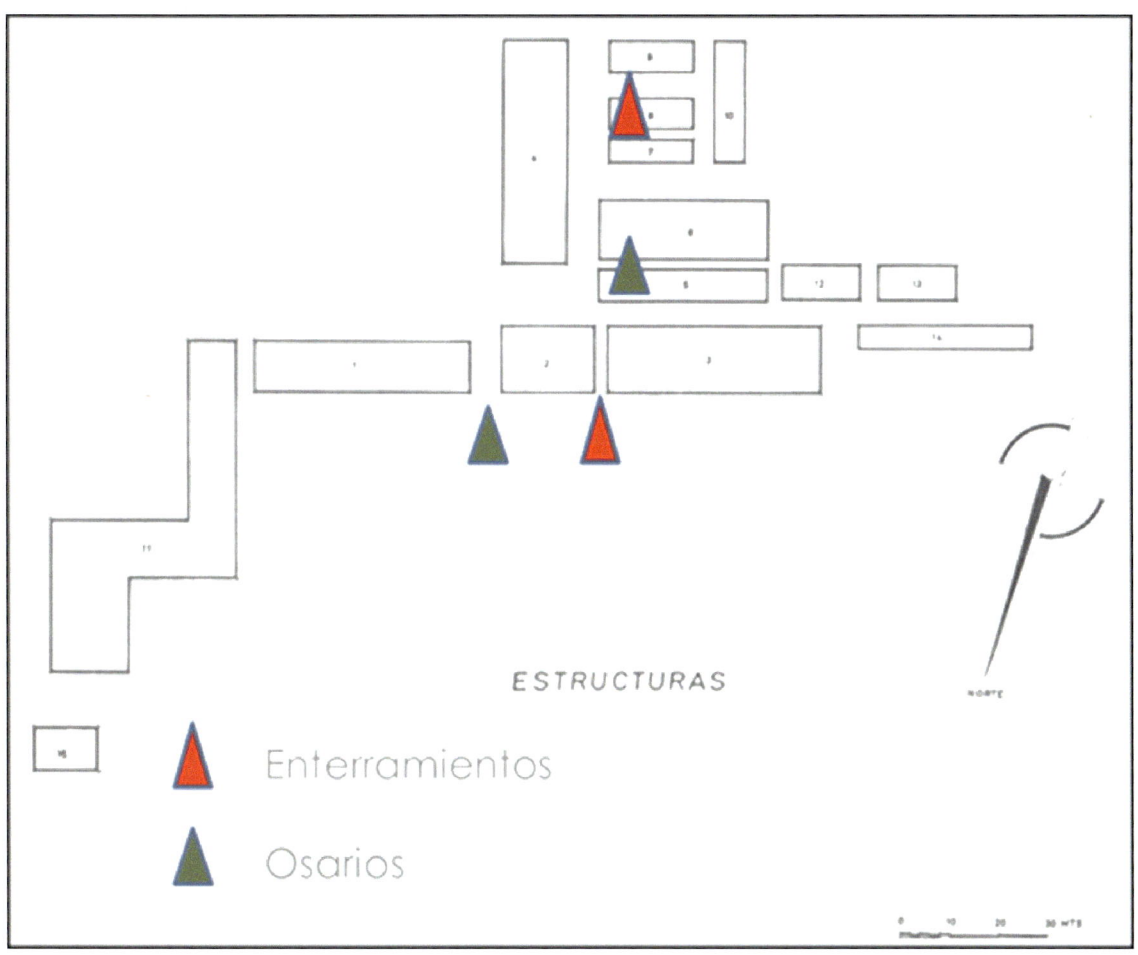

Figura 3.- Localización de los enterramientos y osarios marcados en el croquis de las estructuras arquitectónicas levantado por el equipo de la excavación (Tomado de Alcina, 1976).

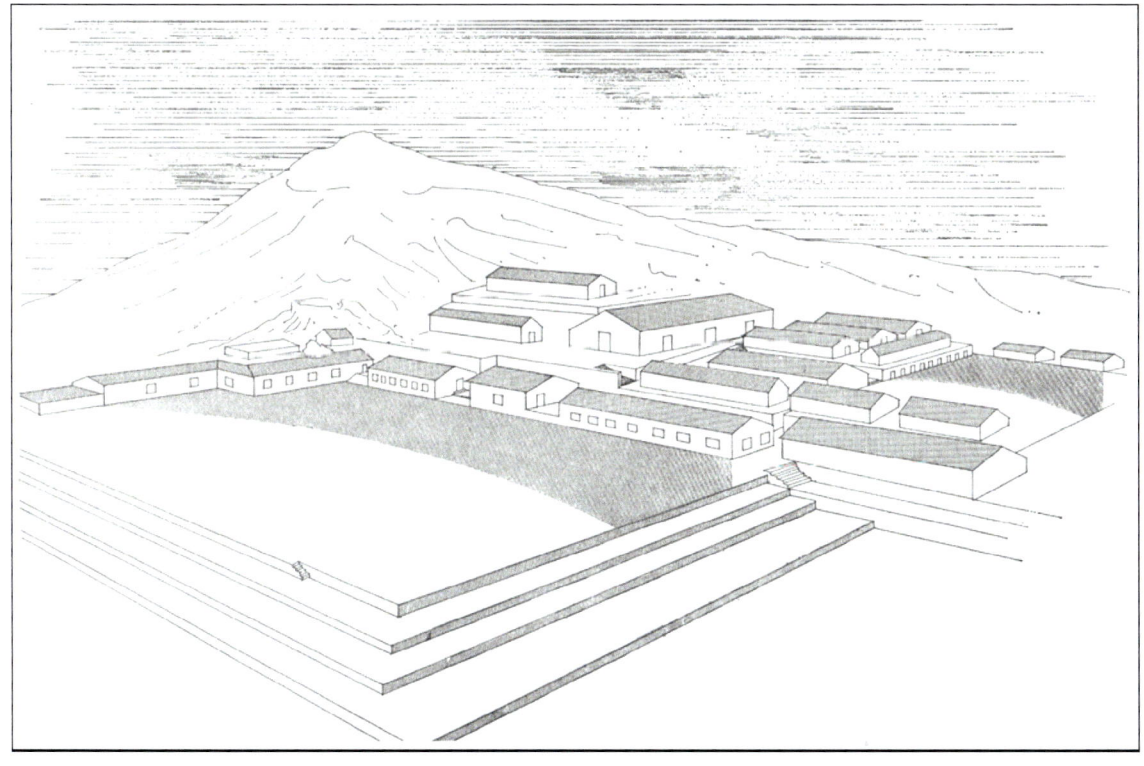

Figura 4.- Perspectiva de una reconstrucción ideal del sitio arqueológico (Tomado de Alcina, 1976).

Si bien la publicación de Varela aportó una valiosa información sobre los restos óseos de Chinchero, fundamentalmente antropométrica, se considera que el trabajo se podría ampliar complementándolo con las siguientes aportaciones:

1. Un estudio detallado (con métrica) de la ascendencia de los ejemplares.
2. Un estudio de las modificaciones óseas culturales con el fin de filiarlas de acuerdo a las tipologías descritas por Imbelloni (Dembo e Imbelloni, 1938) —ampliadas luego por Tiesler (2012)— y por Weiss (1961).
1. Un estudio antropológico dental.

EL ESTUDIO DE RESTOS HUMANOS ANTIGUOS Y DISCIPLINAS CIENTÍFICAS RELACIONADAS

Como bien señala Brothwell (Brothwell, 1993), el estudio de los restos humanos antiguos siempre ha constituido un problema para los arqueólogos, entendiendo la Arqueología con la visión clásica de esta disciplina. En efecto, el arqueólogo tradicional no suele tener la formación ni el interés necesario para el estudio del material osteológico humano o animal, por lo que en los proyectos de excavación arqueológica, cuando éstos incluyen la recuperación de restos humanos, se acostumbra a pedir ayuda a expertos en Antropología Física. Esta ciencia, también llamada Antropología Biológica, aparte de estudiar los restos humanos antiguos, se conforma actualmente como un área de conocimiento que trata de entender la historia evolutiva humana y su variabilidad biológica y de explicar los mecanismos responsables de la misma. Muchas veces se habla de Osteología para referirse al estudio de los restos humanos porque son los huesos, junto con los dientes, las estructuras que normalmente se conservan en un enterramiento antiguo; sin embargo, el concepto de Antropología Física o Biológica es mucho más amplio y abarca además campos como la Antropología Dental, la Genética, la Anatomía Comparada o la Paleopatología.

Otro campo de interés, que confluye con la Antropología Física o Biológica, es el de la Antropología Forense, que desde el punto de vista metodológico comparte con la primera muchas técnicas de estudio, aunque difiere de ella en ciertos aspectos, por su enfoque legal. A la Arqueología, la Antropología Forense le aporta la visión especial que supone la investigación de las causas y circunstancias de la muerte del individuo o individuos objeto de estudio. Éste es un aspecto crucial en el estudio arqueológico, ya que muchas veces puede dar las claves para entender hechos históricos relacionados con el comportamiento y las prácticas de las poblaciones antiguas o de individuos específicos, además de ofrecer explicaciones para hallazgos particulares dentro de un yacimiento dado.

En cuanto a los términos *Arqueología de la Muerte o Funeraria* y *Bioaqueología*, el primero se refiere al estudio arqueológico de las prácticas funerarias (Parker, 2003) y tiene un enfoque más cultural, mientras que el segundo es un concepto más amplio y hoy más en boga. Actualmente se considera como máxima representante e impulsora de la Bioarqueología a Jane Buikstra, profesora del Departamento de Antropología de la *Arizona State University* (USA) y directora del Centro de Investigación Bioarqueológica de dicha universidad. El concepto de Bioarqueología, desarrollado —por tanto— en Estados Unidos, implica el estudio de los restos humanos encontrados en yacimientos arqueológicos (aunque en Europa esto se extiende a restos biológicos no humanos), pero teniendo siempre muy en cuenta el contexto en que aparecen. Sus raíces hay que buscarlas en el cambio de paradigma que implicó la aparición, en los años 70 del pasado siglo, de la denominada Nueva Arqueología o Arqueología Procesual, que entiende que los objetivos de la Arqueología y los de la Antropología son superponibles, en tanto en cuanto intentan dar respuesta a preguntas sobre la vida de los seres humanos y su organización social.

LA DETERMINACIÓN DE SEXO, EDAD, ESTATURA Y ASCENDENCIA MEDIANTE EL ESTUDIO DEL CRÁNEO Y LA DENTICIÓN

Tras el estudio del contexto funerario, el paso siguiente de cualquier estudio de Antropología Física o de Bioarqueología es el de la determinación de aspectos básicos de los individuos o restos objeto de estudio, como son el sexo, la edad, la estatura y la ascendencia. Éste último punto es especialmente importante en el caso de enterramientos en zonas en que pueden confluir poblaciones étnicamente muy diferentes, normalmente fruto de desplazamientos, sean éstos voluntarios o forzosos.

La determinación del sexo se puede hacer por procedimientos puramente observacionales o bien por medios métricos. Los primeros suele dar bastante precisión si pueden usarse estructuras como la pelvis o el cráneo (Ubelaker, 1999). En caso de duda o cuando se utilizan huesos aislados, es necesario acudir a procedimientos métricos, empleando índices o, mejor, funciones discriminantes (Giles, 1970).

La estimación de la edad en restos esqueléticos puede ser bastante precisa en individuos inmaduros o adultos jóvenes; sin embargo, el problema se complica a la hora de estudiar población adulta, y más aún si son restos de poblaciones antiguas, en las que no hay constancia de que los cambios biológicos se produjesen a la misma edad que en la población actual (Brothwell, 1993).

En el cráneo, ya que las suturas empiezan a cerrarse a partir de los veinte años de edad y lo hacen progresivamente, se propuso el estudio de este proceso como método para determinar la edad; sin embargo, tras diversos trabajos llevados a cabo a mediados del siglo XX, se consideró que la gran variabilidad de dicho método hacía que su utilidad fuese limitada (Brothwell, 1993; Byers, 2005). En 1985, Meindl y Lovejoy publicaron un estudio que recibió un mayor favor por parte de la comunidad científica, aun cuando este sistema sigue siendo considerado hoy en día como poco preciso. A pesar de ello, entre los distintos métodos de análisis de las suturas existen algunos que no pretenden hacer una determinación tan precisa de la edad, sino establecer unos amplios rangos en los que encuadrar a cada ejemplar, como se ha hecho en este estudio.

El otro sistema para la determinación de la edad en el cráneo y la mandíbula, y el más valioso para el periodo de la infancia, es el estudio de los dientes y la determinación de la etapa en que se encuentra el proceso eruptivo de los mismos. Para el periodo de la vida adulta, se valora el desgaste dental y otros criterios como la reabsorción del hueso alveolar, la aposición de dentina secundaria y de cemento dental y la reabsorción y transparencia radicular. Atendiendo a estos criterios, Gustafson (1950) describió un método multifactorial, aunque éste requiere —para el registro de algunas de las variables que lo integran—, técnicas intervencionistas que deterioran el material de estudio, por lo que no es posible utilizarlo en este trabajo. Por ello, la alternativa es el estudio exclusivo del desgaste dental, método sin embargo sometido a gran variabilidad por estar en función de la dieta de cada población.

La estatura es un parámetro fácilmente calculable cuando se dispone del esqueleto completo. En caso de no ser así, puede estimarse con bastante precisión mediante el empleo de tablas elaboradas en función de estudios poblacionales, como las de Pearson, Trotter y Glesser o Genovés (Bass, 1995; White y Folkens, 2005).

Un último aspecto a determinar en este apartado es el de la ascendencia. Ante todo, hay que aclarar que éste es el término más empleado hoy en día para abordar la cuestión de la asignación de individuos a grupos humanos que comparten una determinada carga genética, habiendo quedado los términos *raza* y *etnicidad* relegados. En este sentido, el cráneo es una estructura muy útil para la determinación de la ascendencia, lo cual se puede hacer mediante métodos observacionales y métricos, calculando índices y funciones discriminantes *ad hoc* (Byers, 2005; pp. 158-181).

EL ESTUDIO ANTROPOLÓGICO DEL CRÁNEO

Como bien recuerdan White y Folkens (2005) en su *Manual sobre los huesos humanos*, el cráneo es la parte más compleja del esqueleto. Ya se ha comentado su importancia para la determinación de aspectos básicos del estudio antropológico, como el sexo, la edad o la ascendencia, y es conocido su papel crucial en los estudios sobre evolución humana.

Evidentemente, el cráneo es una estructura compleja —en el momento del nacimiento está constituida por 45 elementos óseos— que además ofrece la particularidad de albergar el encéfalo y la mayoría de los órganos de los sentidos. Anatómicamente, se divide en neurocráneo (el que protege al encéfalo) y esplacnocráneo, la parte que constituye el esqueleto de la cara.

Desde el punto de vista antropológico, además de la información antedicha sobre características individuales y de especie, el cráneo puede brindar gran cantidad de información de utilidad para estudios poblacionales, como datos sobre anomalías del desarrollo, signos de enfermedades locales o manifestaciones en el mismo de enfermedades sistémicas. Por otro lado, no olvidemos que, al albergar estructuras vitales, el cráneo es objeto primordial de las acciones violentas, por lo que puede mostrar signos traumáticos de diversa índole que aporten información sobre los comportamientos de las poblaciones antiguas. Por último, es particularmente interesante y rica la información presente en los dientes —como se verá más adelante—, localizados en el maxilar y en la mandíbula.

EL MODELADO CEFÁLICO CULTURAL: SU IMPORTANCIA EN AMÉRICA

Un aspecto osteológico interesante del cráneo es que ha sido objeto, durante siglos y en multitud de regiones a lo largo de todo el mundo, de modificaciones de origen cultural. En efecto, el cráneo se puede modelar en el recién nacido aplicando sistemas compresores sobre la cabeza, que pueden ser bandas enrolladas o piezas rígidas incorporadas a la cuna o sujetas por cuerdas o vendajes. El cráneo, al ir creciendo, va adoptando la forma que el aparato o sistema modelador va imprimiendo a las estructuras óseas y el encéfalo se va adaptando a esta morfología.

Por cierto, señalemos que en este trabajo, siguiendo a Tiesler (2012), utilizaremos indistintamente los términos *modificación y modelado* en vez del clásico *deformación* y los calificativos *cultural o artificial* en lugar de *intencional*.

La modificación craneal se puede encuadrar dentro de las llamadas modificaciones corporales culturales, muy extendidas por todo el mundo (Figura 5) y a lo largo de toda la historia humana, y que pueden incluir prácticas como el tatuaje, la escarificación, la perforación o *piercing*, la reducción de los pies femeninos, la elongación del cuello, las mutilaciones sexuales, etc.

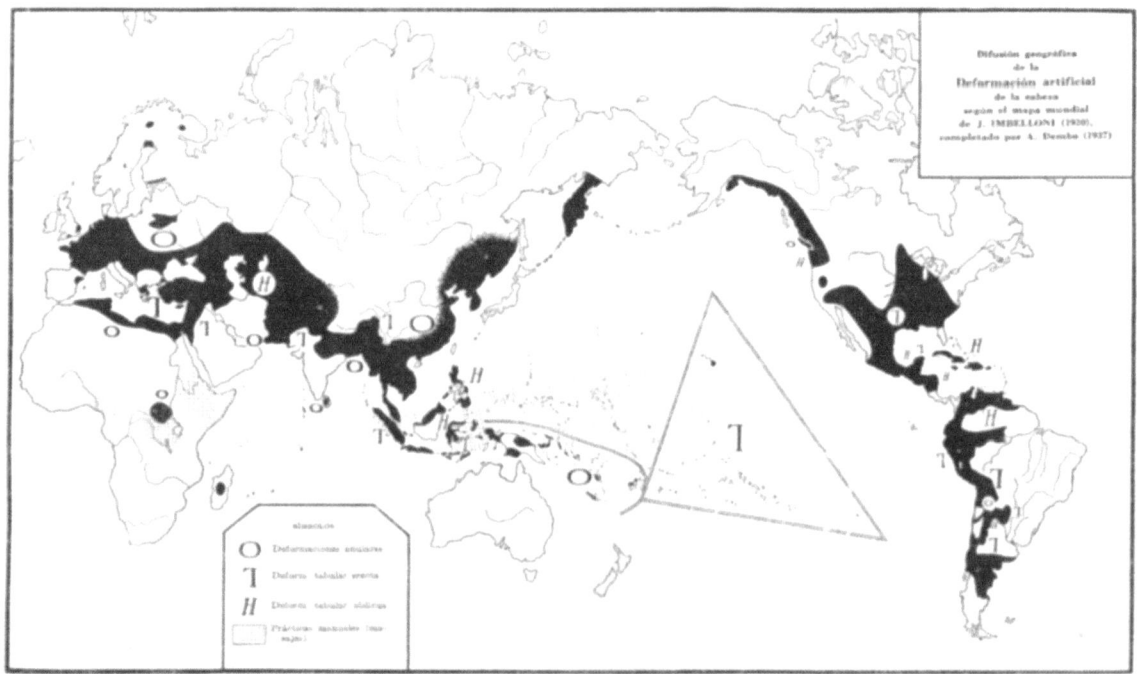

FIGURA 5.- MAPA DE LA DISTRIBUCIÓN GEOGRÁFICA DE LAS MODIFICACIONES CRANEALES SEGÚN CONSTA EN EL ORIGINAL DE DEMBO E IMBELLONI PUBLICADO EN 1938.

INTRODUCCIÓN

El modelado cefálico, que es la práctica que nos interesa en este trabajo, se empleó ampliamente en América durante la época anterior a la conquista; sobre todo en Mesoamérica y en la Zona Andina, aunque también se llevó a cabo en otras áreas en donde es poco conocida, como Norteamérica o el Caribe. Por otro lado, en Sudamérica esta práctica parece que aún sigue viva en la Amazonía peruana, o al menos así era hasta hace unas décadas, ye que existen testimonios de su uso, incluso fotográficos, que así lo atestiguan (Yépez, 2006).

El Área Andina en concreto, zona de la que provienen los ejemplares estudiados en este trabajo, es particularmente rica en cuanto a la práctica del modelado cefálico. En efecto, la Arqueología demuestra el uso de estas técnicas en las zonas costeñas en periodos tan tempranos como 3.200-3.800 a. C., en el Precerámico, y en el Área Andina central y meridional incluso en el Lítico, con modelado circular por *llautu* y tabular erecto (yacimientos pampeanos argentinos y hombre de Lauricocha peruano, de aproximadamente 8.000 años de antigüedad) (Yépez, 2006; Pucciarelli, 2004).

Existen multitud de referencias etnohistóricas a la práctica de la deformación craneal en las crónicas de la época colonial (*vid*. Tiesler, 2012; Yépez, 2009; Weiss, 1961). Concretamente en el Área Andina, hay interesantes referencias de Las Casas, Torquemada y Cobo, los cuales describen las modificaciones existentes en la época. En su libro de 1961, Weiss (pp. 108-114) recoge ya algunos comentarios de dichos cronistas mediante los cuales se constata que los incas acostumbraban a deformarse la cabeza mediante *llautu*[1], produciendo una forma que ellos identificaron como de *mortero*, y que, para él, podría corresponder a los tipos Aimara o Cabeza Larga. En cualquier caso, lo que parece cierto es que los incas, al margen de tener unas formas de modelado propias, no impusieron forma alguna a los pueblos dominados y respetaron las costumbres locales. De hecho en los territorios de la costa respetaron el modelado por cuna, difundiendo el tipo occipital, llamado por Weiss *inca costeño* (ibídem, p. 117).

En cuanto a la Historia del estudio de las modificaciones craneales, éste ha pasado por varias etapas. Lo que empezó en el siglo XIX siendo una curiosidad etnográfica se convirtió a principios del siglo XX en objeto de estudio científico, sobre todo desde el punto de vista cultural y antropológico. Los primeros estudios se centraron en la tipología y la métrica, con un enfoque individual de los ejemplares, para luego pasar a estudios poblacionales como consecuencia de la constatación de la amplia difusión de esta práctica.

Actualmente el modelado cefálico se estudia también desde un punto de vista antropológico-semiótico, entendiéndose como expresión de un proceso de significación, en el que la cabeza modificada se convierte en símbolo portador de mensajes dentro de un determinado sistema cultural (Yépez, 2006; Yépez, 2009; Yépez y Arzápalo, 2007; Torres-Rouff y Yablonsky, 2005). No podemos saber cuál es el contenido simbólico concreto encerrado en este sistema de signos; sin embargo, hoy se acepta que el modelado cefálico en América jugó un papel importante como elemento diferenciador desde el punto de vista étnico y de estatus social y, por tanto, se piensa que se hacía de acuerdo a unos códigos sociales y como parte de un proceso de significación concreto. Sirvan como ejemplo las formas tabulares cilíndricas y anulares extremas en la cultura Paracas, que correspondían a la élite social (Yépez, 2006).

En los últimos años, el estudio de esta práctica ha adquirido una mayor importancia al haber podido relacionarse de manera fehaciente los diferentes tipos cefálicos y técnicas modificadoras con ámbitos concretos (Tiesler, 2012; Yépez, 2006) como el geográfico, étnico, cultural, de estatus social e incluso lingüístico.

Las distintas tipologías de modelado craneal en América han sido clasificadas por diversos autores. A pesar del paso de los años, sigue siendo válida y utilizada la clásica clasificación de Imbelloni (Dembo e Imbelloni, 1938), aunque Tiesler ha introducido acertadas modificaciones (2012) (Figuras 6, 7 y 9). Weiss, diseñó otra clasificación específicamente para el Área Andina en la que se distingue entre cráneos modificados por cuna y por *llautu* y, dentro de este último grupo, aquellos en los que se usó exclusivamente *llautu*, en los que además se emplearon roscas o almohadillas y por último, los tipos en que se utilizaron sistemas especiales (Weiss, 1961) (Weiss, 1962) (Figuras 8, 10 y 11).

---
[1] Bandas de tejido colocadas alrededor de la cabeza.

Tipo	Variedad en forma	Grado*	Vendaje circular	Banda sagital	Carácter distintivo
Tabular	Oblicuo	Curvo-occipital Curvo-frontal Intermedia Paralelepípeda Mimética	Ausencia Presencia (pseudocircular	Ausencia Presencia (bilobulado)	Compresión occipito-frontal mediante tabletas libres
	Erecto	Plano-lámbdica Plano-frontal Intermedia Paralelepípeda Cónica Mimética			Compresión posterior por plano de decúbito
Anular	Oblicuo	Cilíndrica Cónica Mimética			Compresión simétrica por vendas o correas elásticas
	Erecto				

FIGURA 6.- CLASIFICACIÓN GENÉRICA DE LAS MODIFICACIONES CRANEALES A PARTIR DE IMBELLONI (DEMBO E IMBELLONI, 1938) Y TIESLER (2012).

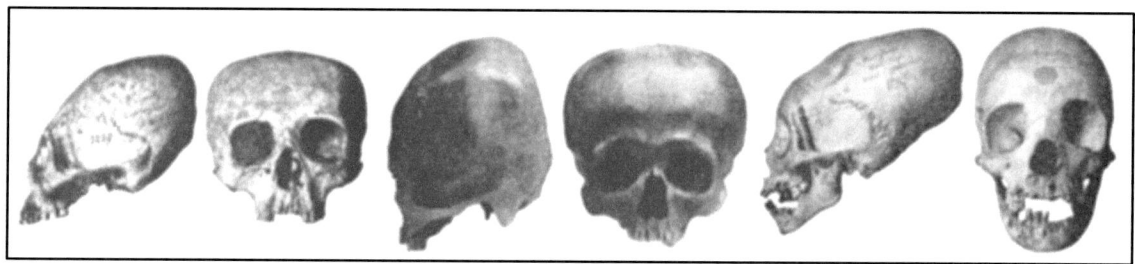

FIGURA 7.- TIPOS DE MODIFICACIÓN CRANEAL SEGÚN IMBELLONI. IZQUIERDA: TABULAR OBLICUA. CENTRO: TABULAR ERECTA. DERECHA: CIRCULAR O ANULAR OBLICUA (TOMADO DEL ORIGINAL DE DEMBO E IMBELLONI, 1938; FIGS. 99, 100 Y 101).

LA ANTROPOLOGIA DENTAL EN EL ESTUDIO DEL INDIVIDUO Y DE LA DIVERSIDAD HUMANA

Los dientes son estructuras localizadas en los huesos maxilares que, por sus especiales características, adquieren gran importancia en el estudio antropológico del esqueleto. En efecto, el estudio de la dentición es el principal método para el establecimiento de la edad de los restos humanos correspondientes a individuos en periodo de crecimiento y es útil también para individuos adultos. Por otro lado, como es sabido, los dientes tienen una gran importancia en la metodología de identificación forense, al permitir contrastar la situación concreta de una dentición con los registros radiográficos conservados por los odontólogos. En el contexto arqueológico, mediante aspectos como el desgaste dental y otros (Hillson, 2002; Chi Keb, 2011), ofrecen también información sobre la dieta de las poblaciones antiguas, hábitos ocupacionales, estrés sistémico y –en las últimas décadas— datos muy interesantes sobre las migraciones humanas mediante el estudio de isótopos estables y elementos traza presentes en sus tejidos.

Por otro lado, la Antropología Dental ha adquirido una gran relevancia en los estudios poblacionales y evolutivos. Para ello, se han definido y estudiado una larga serie de rasgos dentales y la frecuencia con que éstos se presentan en las distintas poblaciones y subpoblaciones evaluadas, utilizándose así para definir los llamados *complejos dentales poblacionales*. Con el fin de facilitar la investigación y la

	Tipo		Notas
Deformación por cuna	Tipo fronto-occipital costeño		Se dio en la época precerámica y con el resurgimiento de las culturas locales del litoral. Asociación con la trepanación suprainiana
	Tipo occipital costeño-Inca costeño		Difundido en el litoral con la dominación Inca. Presenta con más frecuencia que otros tipos manchas verdes en la cara.
Deformación por *llautu*	Sub-grupo andino.- Deformación por *llautu* sólo (incluye las formas anulares)	Tipo Aimara	Forma andina más común y difundida. Tiene variedad puntiaguda.
		Tipo Opa	Forma andina poco común y poco difundida.
		Tipo Pampas	Forma andina no común. Representa el molde anular del tipo Natchez.
	Sub-grupo Paracas-Nazca.- Deformación por *llautu* con roscas o almohadillas de algodón (incluye formas tabulares y pseudotabulares de Imbelloni)	Tipo Cavernas.	Se encuentra en algunos tipos Chavín y con material Cavernas, no solo en Paracas.
		Tipo Necrópolis	La época y etiología de esta forma está certificada por la Arqueología.
		Tipo Cabeza Larga	Es el molde aimara con la parte posterior aplanada. Las trepanaciones de Paracas se asociaron preferentemente con este tipo. Cabeza de mortero de los cronistas.
		Tipo Natchez	Forma vertical igual al tipo Pampas con la parte posterior aplanada. El mayor número de formas increíbles pertenece a este tipo.
		Tipo Nazca	La frente plana es un carácter del tipo Nazca, explicable por la almohadilla frontal Nazca conocida por la Arqueología.
Tipos explicables por aperos especiales		Tipo Huara	Cabeza chata de Tiahuanaco. Costeño.
		Tipo Palta	Forma fronto-occipital simétrica y bilobulada.

FIGURA 8.- TIPOS DE MODELADO CEFÁLICO SEGÚN WEISS, 1962.

comunicación, varios autores han intentado unificar criterios en cuanto a nomenclatura y valoración de los distintos rasgos y han construido modelos para poder asignar de forma estandarizada el grado de expresión de los mismos a categorías concretas. Entre estos intentos destaca el de Turner II y otros, que han desarrollado el sistema ASUDAS (*Arizona State University Dental Anthropology System*), que permite tipificar los grados de expresión definidos. Además, se ofrecen a los investigadores placas con modelos estandarizados mediante los cuales tipificar los hallazgos y clasificarlos (Turner II *et al.*, 1991) (Figura 12).

Según la frecuencia con que se presentan diversos rasgos se han definido dos complejos dentales que nos interesan, mongoloide (Hanihara, 1967; 1969) y caucasoide (Mayhall *et al.*, 1982) (Figura 13). Dentro del complejo mongoloide se distinguen dos variantes, sinodonte y sundadonte (Turner II, 1990). La primera es característica de la población autóctona del noreste de Asia (China, Japón y Siberia) así como de la población nativa americana, y la segunda, de la población del Sudeste Asiático, Polinesia y Micronesia (Hillson, 2002). La pertenencia de los nativos americanos al primer grupo apoya la idea de que el origen de la población amerindia actual está fundamentalmente en la región nororiental asiática. El patrón sundadonte, por su parte, se ha identificado con la población paleoamericana, de origen asiático no mongoloide y con unas características morfológicas craneofaciales específicas que se comentarán más adelante (Brooks *et al.*, 1999; Pucciarelli, 2004).

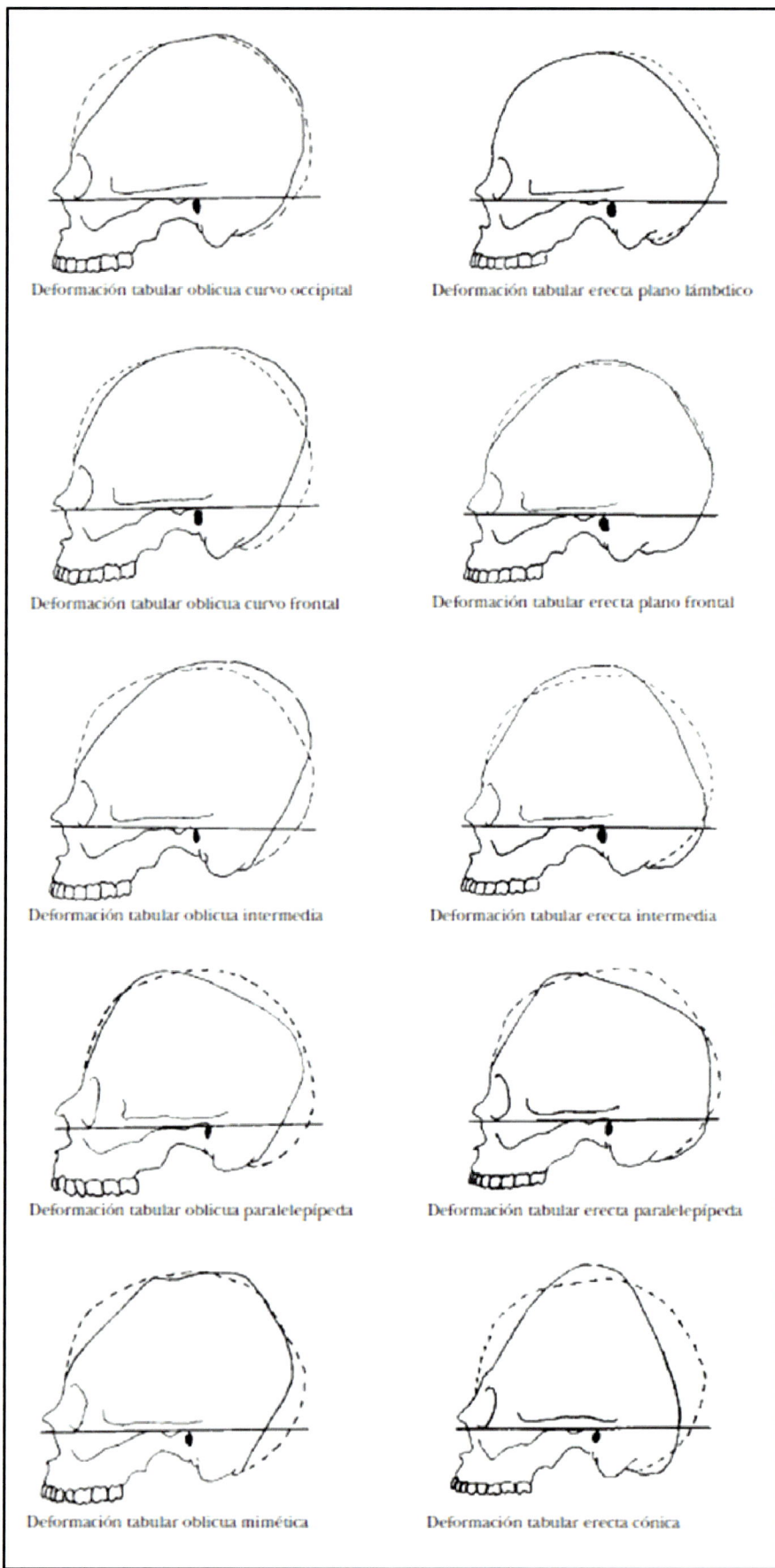

Figura 9.- *Subtipos de modelado cefálico tabular* (Tomado de Tiesler, 2012; *Figura 11*).

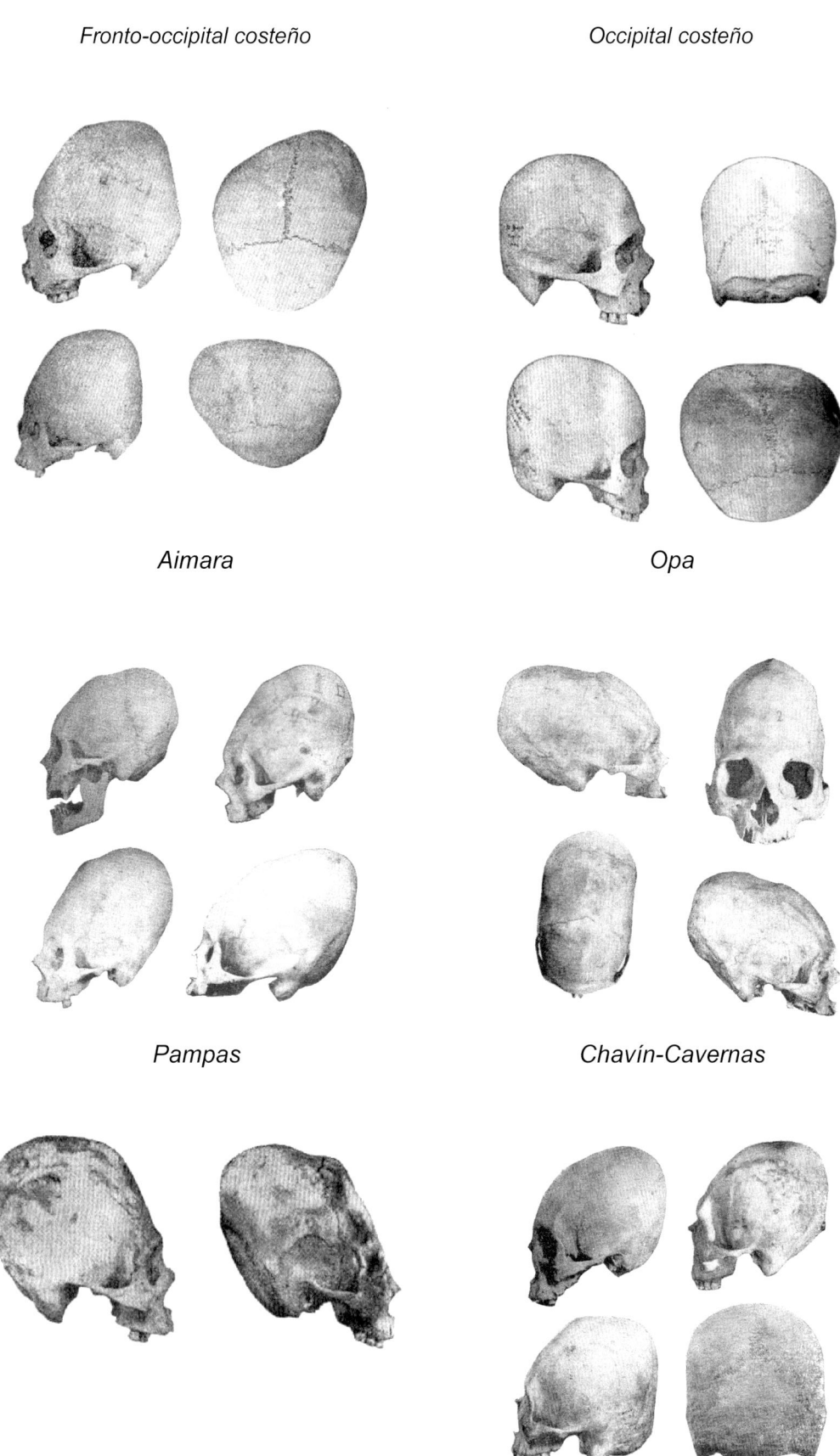

Figura 10.- Morfología de los distintos tipos de cráneos modificados según la clasificación de Weiss (Tomado de Weiss, 1961, passim).

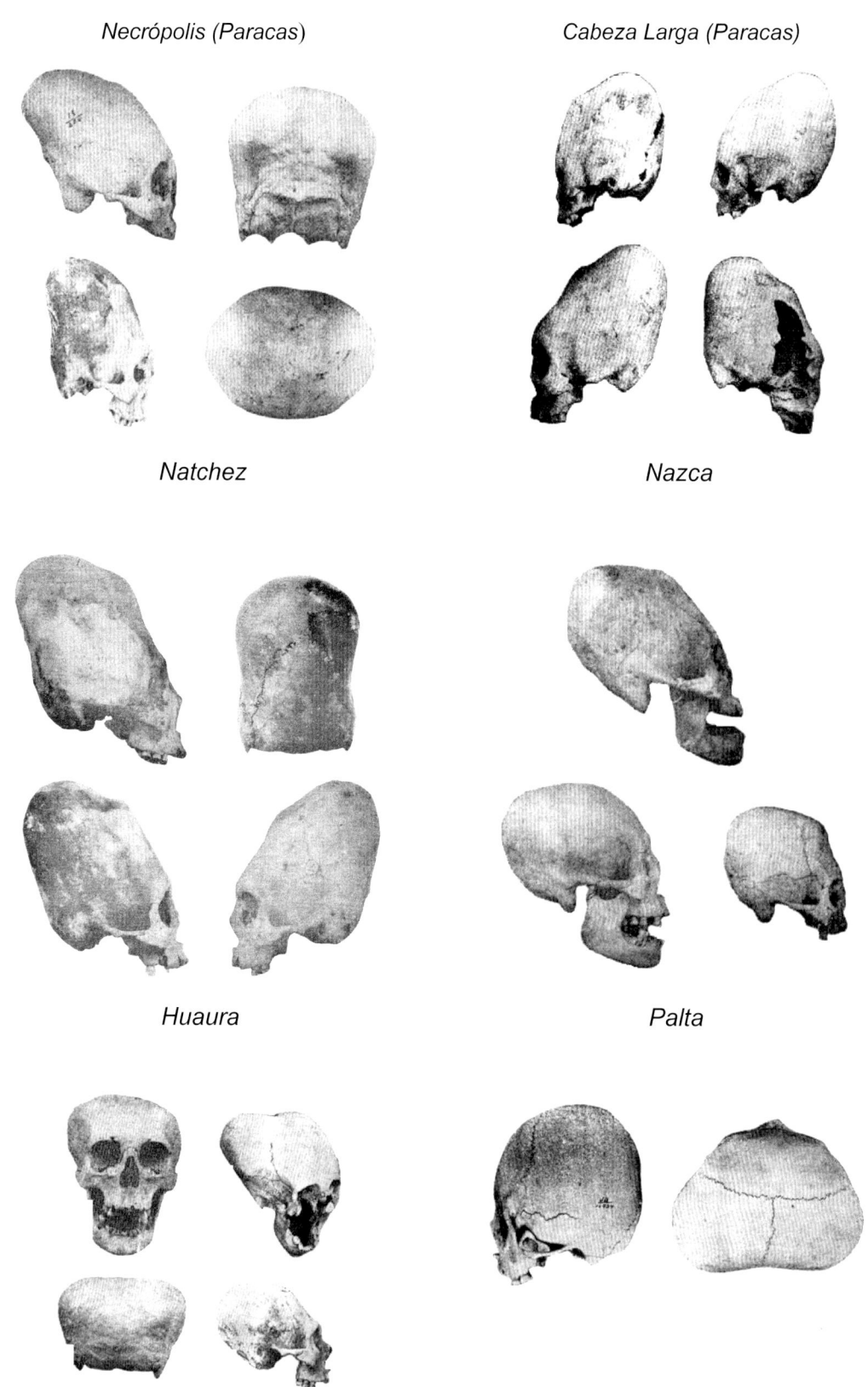

FIGURA 11.- MORFOLOGÍA DE LOS DISTINTOS TIPOS DE CRÁNEOS MODIFICADOS SEGÚN LA CLASIFICACIÓN DE WEISS (CONTINUACIÓN) (TOMADO DE WEISS, 1961, PASSIM).

PARÁMETRO	NO MODIFICADOS			TAB. ERECTO			ANULAR OBLICUO	
	n	M	DS	n	M	DS	n	M
Longitud craneal máxima (gl-opc)	5	167,00	5,05	3	164,00	6,24	1	173,00
Anchura craneal máxima (eu-eu)	5	129,20	4,55	3	131,33	4,93	1	115,00
Anchura facial media o max. o bicigomática (ci-ci)				2	114,50	13,44		
Altura basion-bregma (ba-br)				1	134,00			
Longitud de la base del cráneo (ba-na)				1	99,00			
Longitud de la base facial (ba-pr)				1	75,00			
Anchura maxilo-alveolar (ecm-ecm)	1	69,00		2	64,00	5,66		
Longitud maxilo-alveolar (pr-alv) (alveolon)				1	43,00			
Anchura biauricular (au-au)	3	111,33	7,09	1	120,00		1	110,00
Altura facial superior (na-pr)				2	69,00	1,41		
Anchura frontal mínima (ft-ft)	4	95,00	10,03	3	89,00	1,73	1	80,00
Anchura facial superior (fmt-fmt) (frontomalares)				2	97,50	3,54		
Altura nasal (n-ns)	1	91,00		2	52,00	1,41		
Anchura nasal (al-al)	1	25,00		2	21,50	0,71		
Anchura orbital izq. (d-ec)				1	34,00			
Anchura orbital dch. (d-ec)				2	36,00	0,00		
Altura orbital izq.				2	37,50	3,54		
Altura orbital dch.				2	38,00	2,83		
Anchura biorbital (ec-ec)				2	91,00	5,66		
Anchura interorbital (d-d)(d: dacrion)				1	20,00			
Cuerda frontal (n-b)	4	104,50	3,42	3	107,67	4,62	1	112,00
Cuerda parietal (br-la)	5	107,60	7,64	3	105,67	5,03	1	114,00
Cuerda occipital (la-o)	3	96,33	9,71	2	95,00	4,24		
Longitud del foramen magno (ba-o)				1	29,00			
Anchura del foramen magno				1	25,00		1	33,00
Longitud del proceso mastoideo	3	24,00	2,65	2	29,50	6,36	1	22,00
Altura de la sínfisis mand. (id-gn) (infradental-gnation)	2	29,00	4,24	1	30,00			
Altura del cuerpo mandibular	2	30,00	1,41	1	30,00			
Grosor del cuerpo mandibular	2	11,00	1,41	1	15,00			
Anchura bigoniaca (go-go)	1	93,00		1	87,00			
Anchura bicondilar (cdl-cdl)				1	103,00			
Anchura mínima de la rama ascendente mandibular	2	28,00	0,00	1	29,00			
Anchura máxima de la rama ascendente mandibular	2	35,50	4,95	1	36,00			
Altura máxima de la rama ascendente mandibular	1	57,00		1	50,00			
Longitud en proyección del cuerpo mandibular	2	70,50	0,71	1	65,00			
Longitud mandibular total	2	70,50	0,71	1	65,00			
Ángulo de la rama ascendente manibular o goniaco	2	126,00	5,66	1	122,00			
Ángulo de la sínfisis mandibular	2	55,00	7,07	1	50,00			
Subtensa naso-maxilo frontal				1	8,00			
Subtensa naso-cigoorbital				1	20,00			
Subtensa naso-alfa				1	14,00			
Anchura maxilo-frontal				1	27,00			
Anchura cigo-orbital	1	63,00		2	54,00	5,66		
Cuerda alfa	1	36,00		1	28,00			
Anchura incisivo lateral superior								
Anchura incisivo central superior				1	8,50			

N: número de individuos. M: media aritmética. SD: Desviación típica.

FIGURA 41.- MEDIAS Y DESVIACIONES TÍPICAS DE LOS RESULTADOS DE CADA VARIABLE MÉTRICA ESTUDIADA EN LOS EJEMPLARES EXCLUSIVAMENTE FEMENINOS DE LA COLECCIÓN AGRUPADOS SEGÚN EL TIPO DE MODIFICACIÓN CRANEAL.

ESTUDIO ANTROPOLÓGICO DE LAS ESTRUCTURAS CEFÁLICAS

o	Lesiones incisas
o	Lesiones inciso-contusas
o	Lesiones contusas
o	Fracturas
o	Enfermedades infecciosas
o	Anemia: hiperostosis y *criba orbitaria*
o	Tumores
o	Anomalías del desarrollo
o	Aplastamiento craneal
o	Aplastamiento facial
o	Artrosis de los cóndilos mandibulares
o	Hiperostosis del conducto auditivo

FIGURA 42.- ENTIDADES PATOLÓGICAS VALORADAS.

ESTUDIO DE LAS MODIFICACIONES CRANEALES

Para estudiar este aspecto, en primer lugar se hace un recuento de los ejemplares cuyo estado de conservación permite la observación de una modificación. Esta cifra asciende a 23 (Figuras 44 y 45), lo que supone un 82,14% de los integrantes de la colección. De éstos, en 15 de ellos (65,22%) se aprecia dicha condición, frente a 8 (34,78%) en que no se aprecia, lo que supone el doble de frecuencia.

Para establecer la tipología de los ejemplares en cuestión, se clasifican éstos en grupos que reúnan características similares desde el punto de vista morfológico. Así, se agrupan primero aquellos ejemplares en los que por su deterioro o fragmentación no es posible identificar si presentan o no una modificación craneal. A continuación se agrupan por un lado los ejemplares en los que, a pesar de su integridad, no se encuentra modificación apreciable alguna y por otro, los ejemplares claramente modificados. Entre esto últimos, se aprecia una obvia diferencia entre el cráneo Nº 28 y el resto, tanto por la forma como por el grado de la modificación, que es del tipo anular oblicuo de Imbelloni (Dembo y Imbelloni, 1938) o aimara de

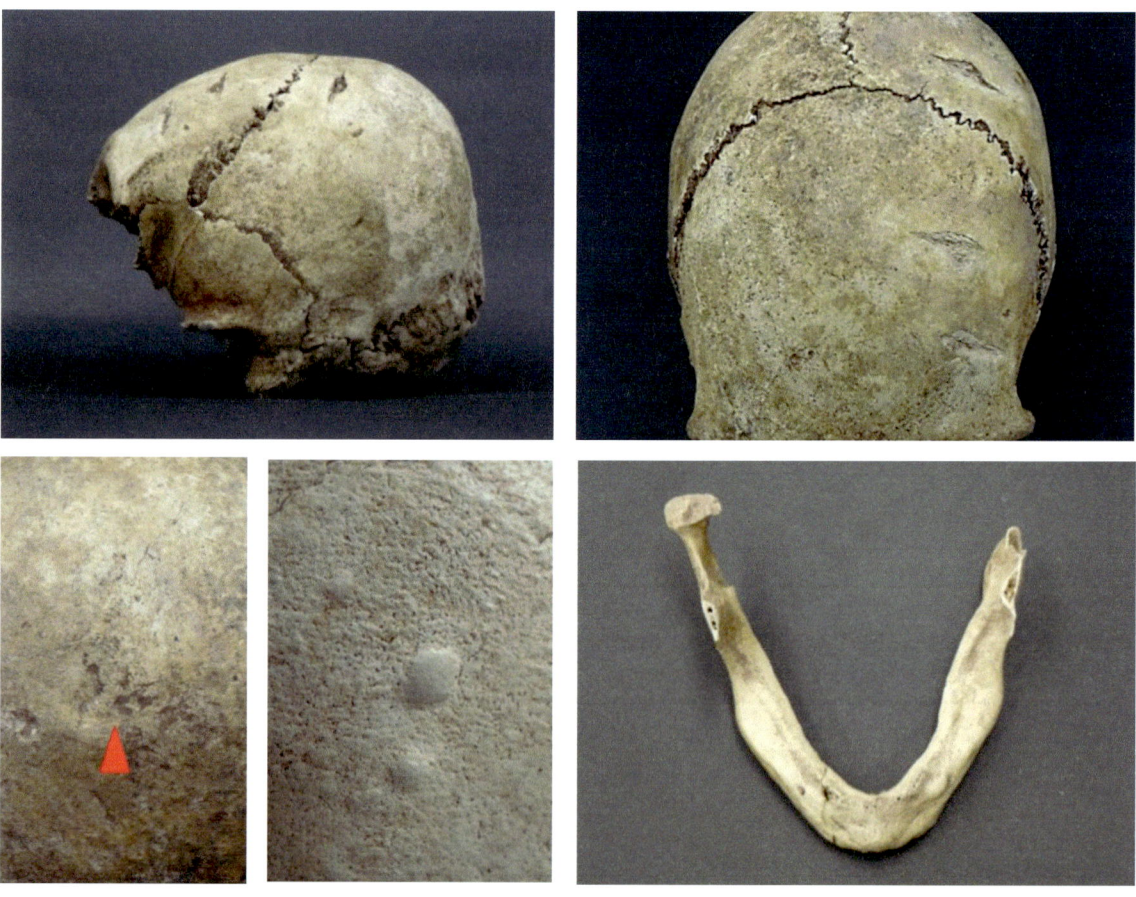

FIGURA 43.- ARRIBA IZQ.: LESIONES INCISO-CONTUSAS EN FRONTAL Y PARIETAL (EJEMPLAR Nº 2). ARRIBA DCHA.: LESIONES DESPUÉS DE SER LIMPIADAS. ABAJO IZQ.: LESIÓN CONTUSA PARIETAL ANTEMORTEM REMODELADA, CON CIERTA DEPRESIÓN DE LA TABLA EXTERNA (EJEMPLAR Nº 2). ABAJO CENTRO: TRES PEQUEÑOS OSTEOMAS FRONTALES (EJEMPLAR Nº 4). ABAJO DCHA.: MANDÍBULA DE UN INDIVIDUO DE EDAD AVANZADA DESDENTADO COMPLETO CON UN CÓNDILO DEFORMADO POR ARTROSIS (EJEMPLAR Nº 14).

	n	%		n	%
Valorables	23	82,14	No modificados	8	34,78
			Modificados	15	65,22
No valorables	5	17,86			
TOTAL	28	100		23	100

N: número de individuos

FIGURA 44.- CUANTIFICACIÓN DE LOS EJEMPLARES CON MODIFICACIÓN CRANEAL.

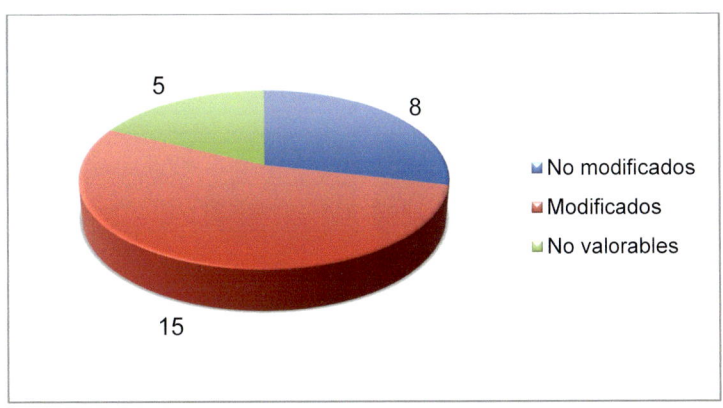

FIGURA 45.- REPRESENTACIÓN GRÁFICA DE LOS RESULTADOS PRESENTADOS EN LA FIGURA 44.

Weiss (Weiss, 1961). Esta modalidad se caracteriza por la aplicación de un vendaje circular alrededor de la cabeza del infante que limita el crecimiento excéntrico de la cavidad craneana, por lo que ésta sufre una elongación en sentido erecto u oblicuo, adoptando –por otro lado- una forma, bien cilíndrica, o bien cónica. El resto de los ejemplares (14) exhibe modificaciones del tipo tabular erecto de Imbelloni, todos de grado moderado. Éstos pueden a su vez corresponder a formas que han sufrido presión posterior (plano-lámbdicas), anterior y posterior (intermedias) o sólo frontal (plano-frontales). Las formas intermedias corresponderían a las fronto-occipitales costeñas de Weiss y las plano-lámbdicas a las occipitales costeñas o inca costeñas del mismo autor (Figura 46).

En los tipos tabulares, en los que hay una presión de forma constante al menos en la zona posterior del cráneo, ésta puede centrarse sobre el punto lambda, afectando a la escama del occipital y a los parietales, o bien sobre la zona prelámbdica u obélica, interesando preferentemente a los parietales (Figura 46). En el primer caso, el plano resultante de dicha presión es paralelo al plano frontal de referencia que pasa por el bregma y el basion; en el segundo, es oblicuo al mismo.

En la Figura 47 se presenta la distribución de frecuencias y porcentajes de las modalidades referidas encontradas en la colección, especificando además las zonas de presión posterior, resultados que se representan en las Figuras 48 y 49.

Como puede apreciarse en la Figura 50, de los 14 ejemplares de cráneo modificado de tipo tabular, uno presentaba un ligero surco sagital en la región obélica, rasgo sugerente de la aplicación de algún sistema modelador que incluyera una banda o pretina sagital.

En el grupo de cráneos no modificados se aprecia un ligero aplanamiento en la región obélica en el 100 % de los casos, rasgo que se considera normal.

Nueve ejemplares presentan un surco bregmático o postbregmático apreciable —tres del tipo inca costeño y tres del tipo fronto-occipital costeño—, así como otros signos del uso de bandas, lo cual sugiere el posible uso de vendajes de manera simultánea o no al empleo de la cuna modeladora.

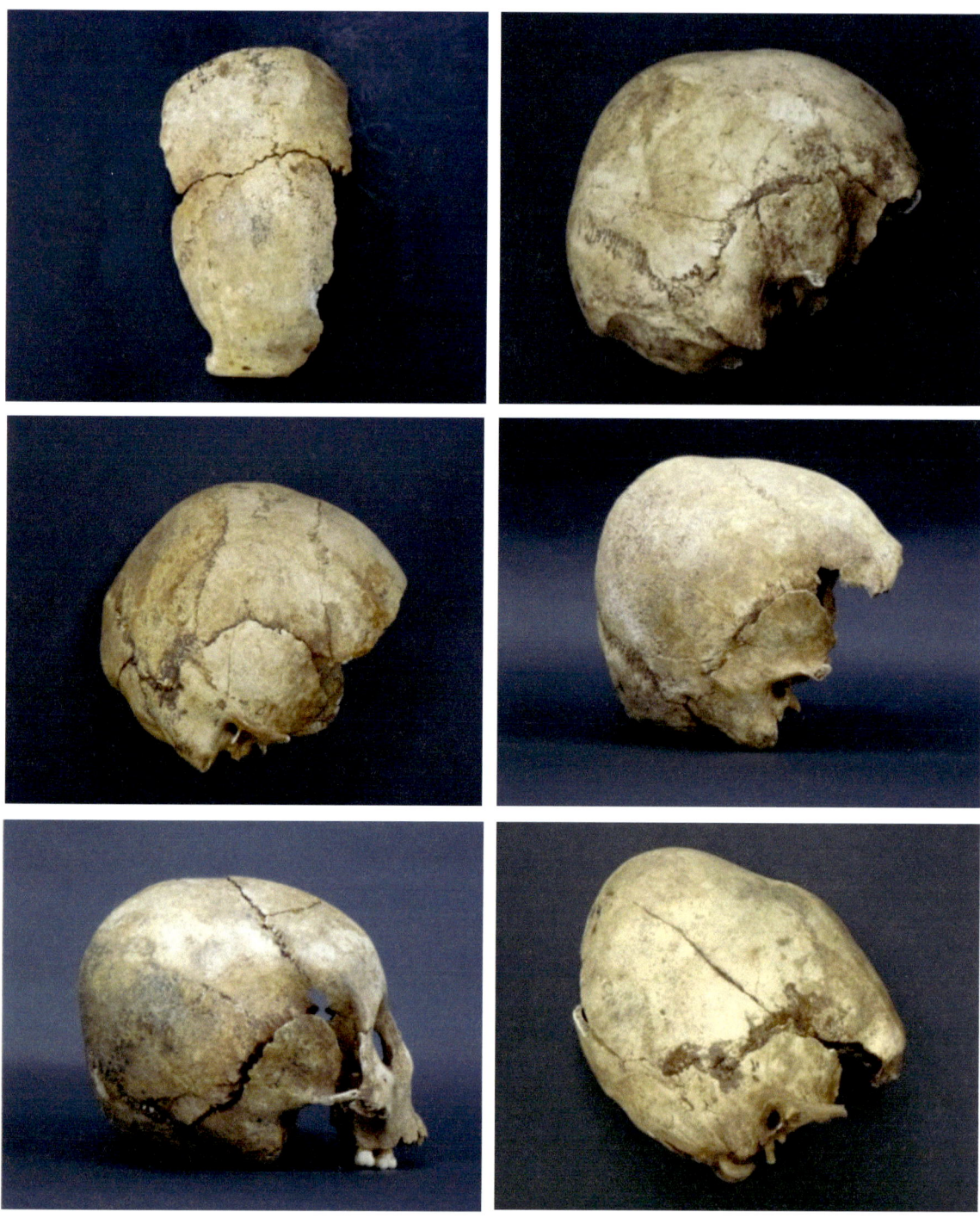

Figura 46.- Tipología de cráneos en cuanto a su posible modificación. Sup. izq.: cráneo no valorable (ejemplar Nº 13). Sup. dcha.: cráneo no modificado (ejemplar Nº 18). Centro: tipo tabular erecto intermedio o fronto-occipital costeño, con el aplanamiento posterior en el obelion (izq., ejemplar Nº 22) y en el lambda (dcha., ejemplar Nº 17). Inf. izq.: tipo tabular erecto plano-lámbdico o inca costeño, con aplanamiento solamente posterior (ejemplar Nº 6). Inf. Dcha.: tipo anular oblicuo (ejemplar Nº 28).

De los 23 ejemplares en que es posible valorar la presencia o no de modificación, en 18 se ha podido estimar el sexo. De estos 7 (38,88 %) no presentan modificación y 11 si la presentan (61,11 %). De los filiados como masculinos, son modificados 7 (87,5 %) frente a 1 (12,5 %) no modificado. En el caso de los ejemplares femeninos, 6 (60 %) son modificados y 4 no (40 %) (Figuras 51 y 52).

RESULTADOS

Tipo		Zona de presión
Tabular erecto 14 (93,33%)	Plano-lámbdico	Lambda (3)
	(Inca costeño)	Prelambda (1)
	4 (28,57%)	
	Intermedio	Lambda (5)
	(Fronto-occipital costeño)	
	10 (71,43%)	Prelambda (5)
Anular oblicuo 1 (6,66%)	Cilíndrico	

FIGURA 47.- TIPO DE MODIFICACIÓN CRANEAL (NÚMERO Y PORCENTAJE) Y ZONA DE PRESIÓN POSTERIOR.

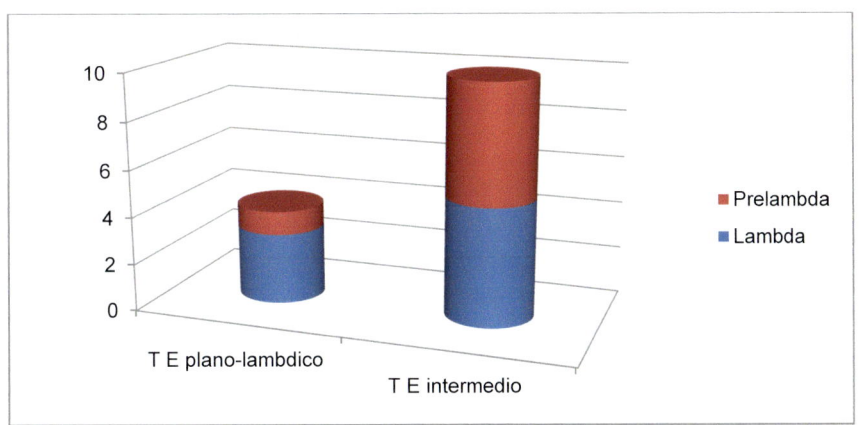

FIGURA 48.- REPRESENTACIÓN GRÁFICA DE LA FRECUENCIA DE LOS DISTINTOS TIPOS DE MODIFICACIÓN CRANEAL TABULAR, CON ESPECIFICACIÓN DE LA REGIÓN SOBRE LA QUE SE EJERCE LA PRESIÓN POSTERIOR.

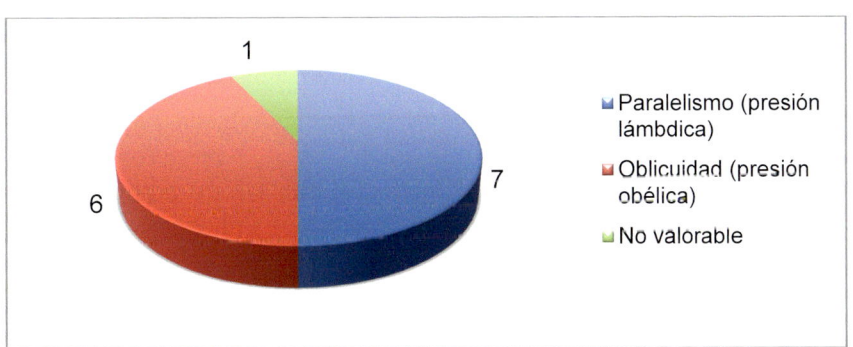

FIGURA 49.- PARALELISMO U OBLICUIDAD DEL PLANO DE PRESIÓN POSTERIOR RESULTANTE RESPECTO DEL PLANO FRONTAL QUE PASA POR EL BREGMA Y EL BASION.

Superficie	n/%	Plano	n/%
Plana	12 (85,71%)	Plano simple	11 (91,6%)
		Plano con depresión sagital	1 (8,33%)
En forma de rosca	2 (14,29%)		

FIGURA 50.- FORMA DE LA SUPERFICIE DE PRESIÓN Y PRESENCIA O NO DE BANDA SAGITAL

ESTUDIO ANTROPOLÓGICO DE LAS ESTRUCTURAS CEFÁLICAS

	Masculinos	Femeninos	Total
No modificados	1 (12,5%)	6 (60%)	7 (38,88%)
Modificados	7 (87,5%)	4 (40%)	11 (61,11%)
Total	8 (100%)	10 (100 %)	18 (100%)

Figura 51.- Relación entre modificación craneal y sexo

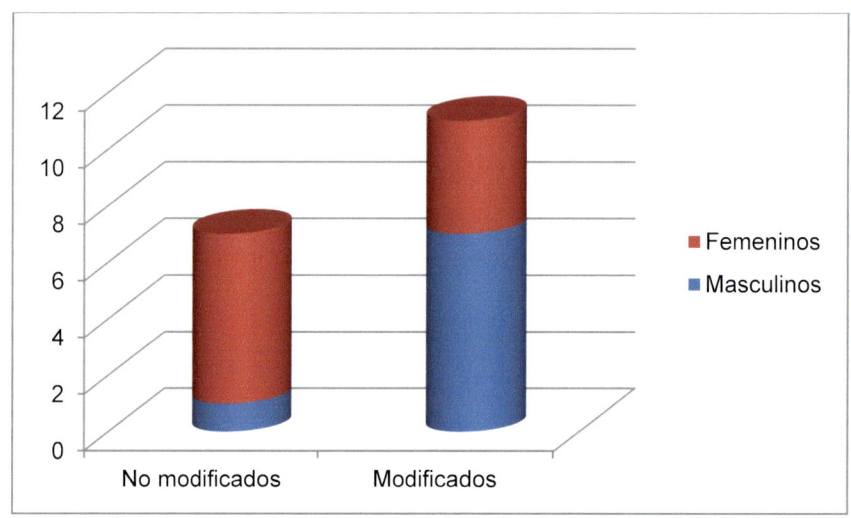

Figura 52.- Representación gráfica de los resultados sobre modificación craneal y sexo expresados en la Figura 51.

ESTUDIO ANTROPOLÓGICO DENTAL

Se incluyen en el estudio 16 individuos adultos, con dentición definitiva, de los cuales 3 presentan sólo estructuras maxilares, 10 sólo mandibulares y 3 de ambos tipos. Se analiza separadamente el individuo Nº 27, infantil y con dentición mixta, de los individuos adultos, con dentición definitiva.

En ningún ejemplar de la colección se han encontrado hipoplasias de esmalte, sugerentes de estrés sistémico, ni se han podido identificar marcas que indiquen hábitos ocupacionales determinados.

INDIVIDUO Nº 27, CON DENTICIÓN MIXTA

Este individuo se encuentra en el rango de edad de la segunda infancia (2-12 años), con una edad estimada entre 6 y 12 años. De la dentición definitiva, presenta los 4 primeros molares y los incisivos en proceso de erupción, el superior en forma de pala en grado 1-2 del protocolo de ASUDAS. Por otro lado, se observa la presencia de cúspide 7 en grado 2 en ambos primeros molares inferiores definitivos (Figura 53, centro y derecha).

RESTO DE INDIVIDUOS CON DENTICIÓN DEFINITIVA

En el resto de ejemplares, amerindios o de ascendencia difícil de determinar, se aprecia que el número de dientes perdidos en vida oscila entre 0 y 8, excepto en el caso del ejemplar número 14, que corresponde a un desdentado mandibular completo (que perdió todos sus dientes inferiores en vida).

Presentan dientes careados 9 de los 14 individuos dentados. El rango de número de lesiones por individuo va de 0 a 9, aunque hay que tener en cuenta que sólo 3 presentan maxilar y mandíbula (Figura 54). La media por individuo, para este grupo de 14, es de 2,29 con una desviación estándar (DS) de 2,76, lo que implica una alta variabilidad. Algunas lesiones están localizadas en el cuello dental y las raíces de los molares, concretamente en 4 individuos. Por su parte, de los 15 ejemplares dentados en el momento de la muerte, 6 presentan periodontitis moderada y 9 avanzada.

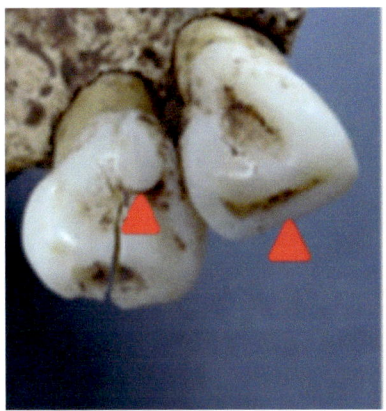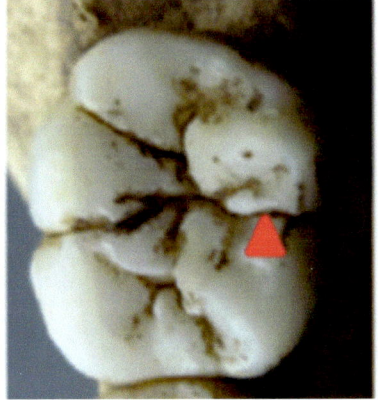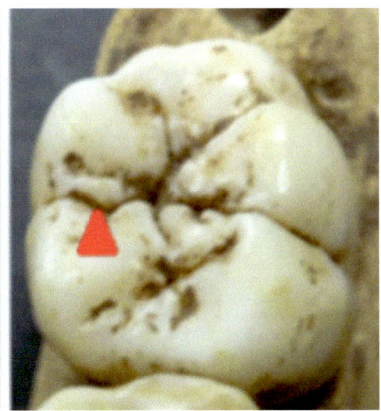

FIGURA 53.- IZQUIERDA: CANINO SUPERIOR CON TUBÉRCULO E INCISIVO EN PALA (EJEMPLAR Nº 12). CENTRO Y DERECHA: DOS MOLARES CON CÚSPIDE 7 (EJEMPLAR Nº 27).

Número de dientes afectos de caries por individuo	Número de individuos
0	5
1	3
2	1
3	1
4	0
5	3
6	0
7	0
8	0
9	1

FIGURA 54.- AFECTACIÓN POR CARIES EN LOS 14 INDIVIDUOS ADULTOS.

Como se refirió en el apartado de Paleopatología, el cóndilo mandibular derecho del ejemplar número 14 presenta una deformidad, propia de una artrosis (*vid. supra.* Figura 43, inferior derecha).

El desgaste dental es variable, en el rango de 2 a 7 en la escala de Molnar, que contempla 8 estadios (1-8), con una media y desviación estándar de 4,07 ± 1,94. En 5 de los 14 individuos examinados el desgaste es severo (Figura 55, centro derecha); es decir, de grado mayor o igual a 5, lo que supone un 35,71 % de los casos, mientras que en 9 de ellos es menor de 5.

En el marco de los rasgos valorados en los estudios poblacionales, destaca que solamente se hayan encontrado en este grupo adultos dos incisivos en pala (cada uno en un individuo) (*vid. supra.* Figura 53, izquierda), característica típica de las poblaciones mongoloides, y por tanto también amerindias, aunque sólo han podido estudiarse 20 incisivos en 7 ejemplares. Téngase en cuenta que la gran mayoría de los dientes de este grupo se han perdido post mórtem, seguramente en el momento de la manipulación de los cráneos y mandíbulas en las exhumaciones. No se ha encontrado tubérculo de Carabelli, protostílido, ni cúspides 6 ó 7 en ningún ejemplar de este grupo. En uno de los casos (ejemplar Nº 12) se encontró un tubérculo palatino en un canino superior (*vid. supra.* Figura 53, izquierda). También se hallaron cordales inferiores incluidos en dos ejemplares (*vid. supra.* Figura 55, inferior derecha) y en cuatro casos, segundos molares inferiores tetracuspídeos (Figura 56). Sí destacan por su frecuencia, las prolongaciones de esmalte en molares, que se encontraron en 10 de los 16 casos estudiados (62,5%) (*vid. supra.* Figura 55, centro izquierda, 2º molar inferior derecho).

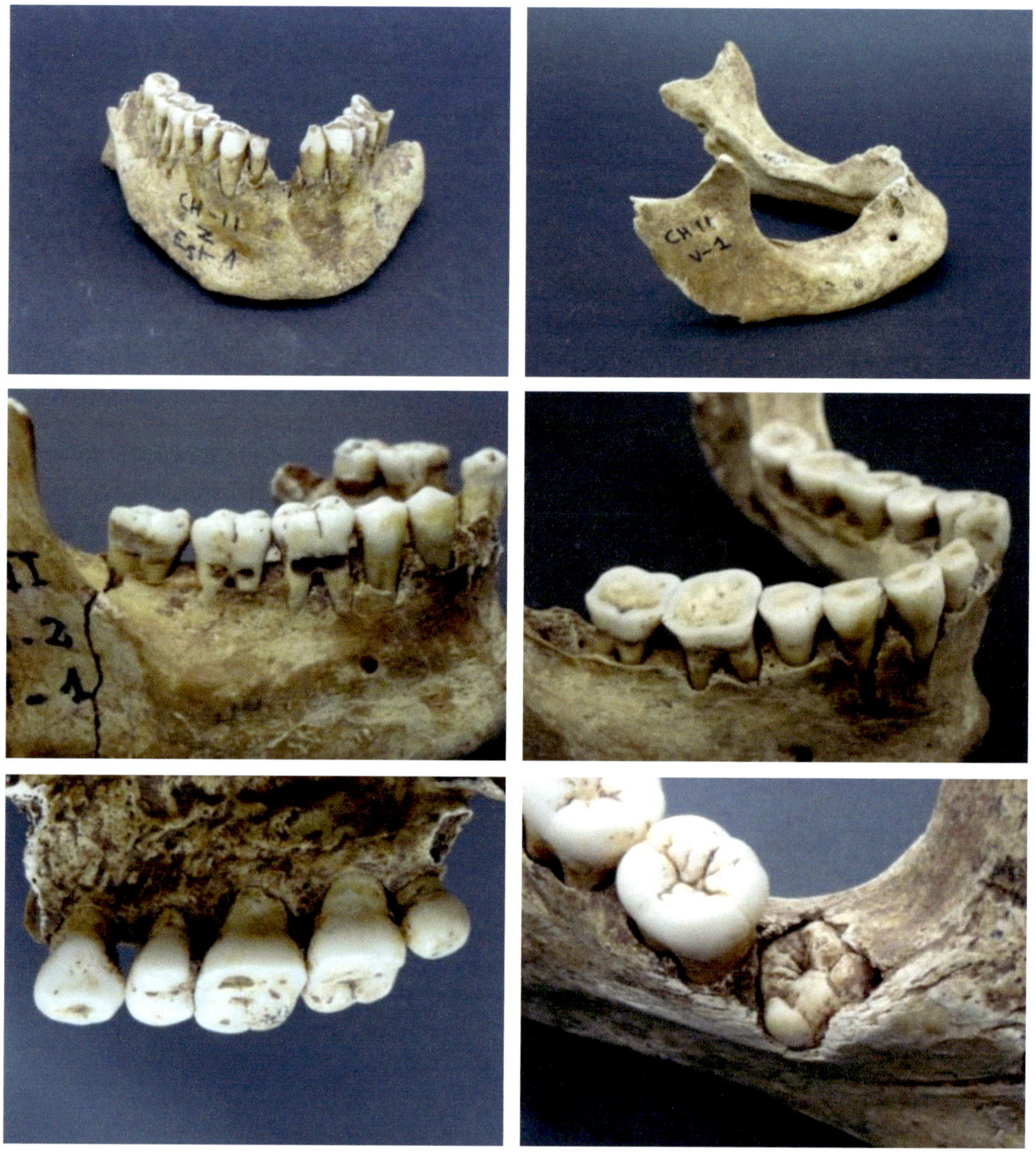

ESTUDIO ANTROPOLÓGICO DE LAS ESTRUCTURAS CEFÁLICAS

Figura 55.- Algunos hallazgos dentales. Sup. izq.: mandíbula con gran desgaste dental y periodontitis avanzada con pérdida ósea severa (ejemplar Nº 25). Sup. dcha.: mandíbula parcialmente desdentada con pérdida post mórtem de los dientes anteriores (ejemplar Nº 18). Centro izq.: molares con caries de cuello, prolongaciones de esmalte y periodontitis avanzada (ejemplar Nº 15). Centro dcha.: mandíbula con desgaste dental severo (ejemplar Nº20). Abajo izq.: arcada superior con tercer molar en clavija (ejemplar Nº 12). Inf. dcha.: cordal incluido (ejemplar Nº 6).

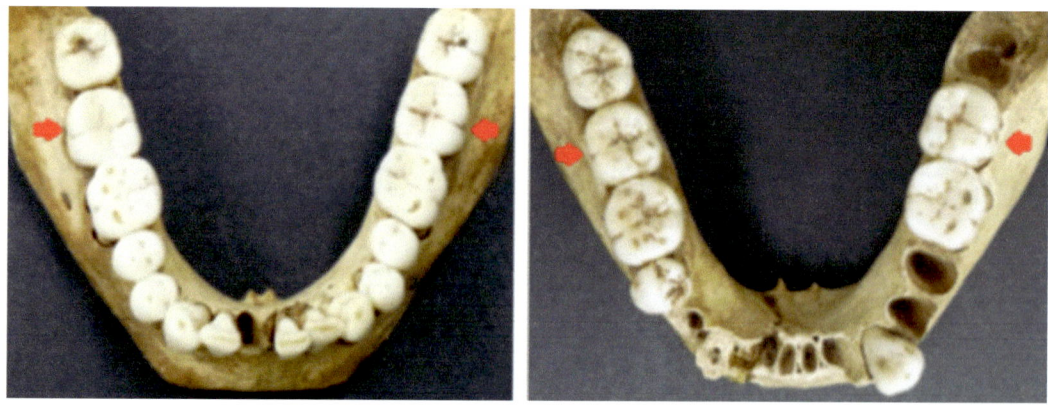

Figura 56.- Mandíbulas con segundos molares tetracuspídeos (ejemplares Nº 22 y 26)

DISCUSIÓN

INVENTARIO, CARACTERÍSTICAS DE LA COLECCIÓN Y PROCEDENCIA DE LOS RESTOS

Como ya se ha señalado, los restos humanos de la colección objeto de este trabajo, fueron sometidos a un primer estudio antropológico por Varela en 1972. A pesar de que entre ellos, además de los cráneos y mandíbulas, se encontraban huesos del esqueleto post-craneal, es llamativo que muchos de estos últimos no fueran referidos e inventariados en el mencionado estudio. Entre ellos se encuentran huesos pélvicos, sacros, esternones, costillas, escápulas, algunas vértebras y huesos de las extremidades. En dicho trabajo tampoco se especifica si la colección estudiada incluía todos los restos encontrados o una parte de los mismos ni si provenían de tumbas, de osarios o de ambas localizaciones.

El mencionado autor, en su estudio, describe 24 cráneos (Cuadro 1 de su trabajo), 20 de ellos correspondientes a individuos adultos y 4 a juveniles; sin embargo, a la hora de realizar las descripciones de los ejemplares se limita a los 20 adultos. Llama también la atención que, a pesar de describir en detalle 20 ejemplares adultos, al registrar las medidas en los Cuadros 2 y 3 de su trabajo, sólo se dan las correspondientes a 13 de ellos, 6 masculinos y 7 femeninos. En la publicación no se hace referencia al motivo por el que no se incluyen los otros 7.

En el trabajo aquí presentado se dan datos para apoyar que en la colección se encuentran restos cráneo-mandibulares de al menos 33 individuos, estimándose como número máximo 48. En cuanto a cráneos en sí, se han identificado restos rotulados de manera individualizada por los integrantes de la excavación (grupo GRI) de 28 individuos, frente a los 24 de los que habla Varela en su artículo. Por otro lado, este autor menciona —aunque no describe ni estudia— 4 individuos juveniles, mientras que en este trabajo no se han detectado ejemplares de este rango de edad. En cambio, en este estudio se ha encontrado un individuo infantil que Varela no menciona en su trabajo. Curiosamente, este ejemplar, el Nº 27, está descrito con la signatura correspondiente (CH-III A Est 1) en la publicación de Varela inserta en el libro de Alcina et al. (1976) *Arqueología de Chinchero, 2. Cerámica y otros materiales;* sin embargo, da la impresión de que se refiere a otro ejemplar, ya que indica que "*parece adulto*" y que no tiene frontal ni mandíbula (ibídem, p. 125). Estas características no se corresponden de ningún modo con el ejemplar manejado en este trabajo, el cual, por otra parte es claramente infantil (6-12 años de edad de acuerdo su dentición). Por otro lado, en el trabajo publicado previamente por el mismo autor en la *Revista Española de Antropología Americana* (Varela, 1972), para el referido ejemplar se emplea la signatura CH-III-A Est S, posiblemente por un error que fue corregido en la publicación posterior del citado libro de Alcina (1976). La otra opción es que la signatura CH-III A Est S corresponda a un ejemplar que no se encuentra actualmente en la colección. Los ejemplares números 5, 11, 12, 13, 24, 25 y 26 no son mencionados por Varela.

Por otro lado, este autor hace una estimación de la estatura mediante las fórmulas de Pearson, basándose en los huesos largos (fémures, tibias, húmeros y radios) y obteniendo valores que oscilan, según el tipo de hueso estudiado, entre 158,78 cm y 163,58 para los hombres y entre 146,78 y 151,55 para las mujeres. Se podría discutir la idoneidad de las fórmulas de Pearson, obtenidas a partir de población francesa, para estimar la estatura en población americana. En este sentido, cabría pensar que hubiese sido más adecuado usar métodos como el de Trotter y Glesser (Trotter y Glesser, 1958), basado en población norteamericana, o mejor incluso el de Genovés (Genovés, 1967), desarrollado a partir de población nativa americana (concretamente mexicana). Actualmente hay una corriente que aboga por usar estándares específicos para cada población, mientras que otra descarta este enfoque y defiende el empleo de métodos matemáticos rigurosos y contrastados. En un estudio de 2011 en el que se comparan distintas ecuaciones de regresión lineal para estimar la estatura no se encuentran grandes diferencias entre los distintos métodos, aunque se aprecia mayor precisión en el de Genovés, especialmente en casos de estatura baja (Menéndez *et al.*, 2011).

En lo relativo al estado de conservación de la colección, éste es irregular. Como se indica en el apartado de resultados, sólo tres ejemplares (11,11%) presentan esplacnocráneo, lo que impide en el resto registrar variables muy valiosas para establecer la ascendencia y, por otro lado, hacer un estudio dental maxilar, también de gran valor. En bastantes ejemplares es imposible la localización de múltiples puntos craneométricos (*vid. supra.* Figura 29) y la toma de determinadas medidas, lo que origina que muchas casillas de la tabla de registro presentada en el Anexo 2 estén en blanco. Este mismo hecho justifica que no se puedan calcular algunos de los índices estudiados.

Otro aspecto a considerar es que 16 de los cráneos evaluados (59,26%) han sido sometidos en el pasado a reconstrucción mediante el uso de un material adhesivo. La dificultad de este proceso y la imprecisión propia del mismo han de ser tenidas en cuenta a la hora de evaluar las mediciones tomadas.

En cuanto a la cronología del yacimiento y la datación de los restos de los individuos estudiados, Alcina (1970, 1976) refiere que algunos enterramientos (sector CH-IV), son de época Colonial tardía, aunque no muy posteriores a la colonización, porque en ellos se han detectado *tupus* —aditamentos metálicos empleados para sujetar la ropa en la época inca— y los fecha entre 1540 (año en que fueron incendiados los palacios) y 1600. Esta afirmación resulta un poco aventurada, máxime cuando no se hace referencia al momento en que los *tupus* dejaron de usarse en la vestimenta; de hecho, pudieron seguir fabricándose y utilizándose hasta bastante avanzado el periodo colonial. Por otro lado, también comenta que algunos entierros y osarios (zona noroeste de la iglesia y área entre ésta y las estructuras 2 y 3) son de época *más o menos inmediatamente anterior a la creación del cementerio*, que ocurrió en 1890 con la Ley de cementerios del Perú, lo cual no deja de ser una afirmación imprecisa. Así mismo, refiere no haber encontrado enterramientos incas anteriores a la conquista. Basándose en todo esto, sugiere que los restos podrían corresponder a un periodo amplio que podría abarcar desde 1540 a 1890.

Llama la atención que Alcina no mencione ni tenga en cuenta para la datación de los restos el hecho de que un número importante de cráneos exhiba un modelado cultural. La costumbre del modelado cefálico fue prohibida por las autoridades eclesiásticas en el I Concilio Limense (1551-1552) (Valcárcel, 1985) y posteriormente durante el mandato del virrey Toledo en 1573, mediante la ordenanza de 6 de noviembre de 1573 en la que se especifica *"...mando que ningún indio apriete las cabezas de las criaturas recién nacidas, como suele ser para hacerlas más largas, porque de haberlo hecho se les recrece y les ha recrecido el daño y vienen a morir dello"* (Yépez, 2006). Si estas normas se hubiesen cumplido, ello apuntaría a que, al menos los ejemplares craneales modelados de la colección estudiada correspondieran a una época temprana de la colonia (antes de 1573) o incluso que fueran anteriores a la misma. Evidentemente, es posible que el modelado se siguiera practicando tras la prohibición, sobre todo en zonas remotas, pero esto es menos probable en zonas como Chinchero, cercanas a ciudades importantes como Cuzco, que contaba con un cabildo desde el 24 de marzo de 1534 y con un corregimiento desde el año 1548.

Una de las dificultades de este estudio, en lo relativo al origen de los restos y su correlación con los hallazgos, es precisamente el que en los trabajos publicados por el equipo arqueológico no se menciona si los restos traídos a España son todos los encontrados o sólo una parte de los mismos. Por otro lado, tampoco se especifica si entre ellos están incluidos todos o parte de los exhumados de enterramientos individuales o si proceden íntegramente de los osarios.

SEXO, EDAD Y ASCENDENCIA

Tras observar los resultados obtenidos relativos a la edad de los integrantes de la colección, la esperanza de vida de la población no parece que fuera muy alta. No existen diferencias llamativas en cuanto al sexo en los diferentes grupos de edad.

En lo relativo a ascendencia, se ha indicado en el capítulo de Resultados que los índices usados a tal efecto sólo se han podido utilizar en los tres ejemplares con esplacnocráneo. Por lo que para establecerla se ha recurrido a la aplicación de criterios de similitud morfoscópica y al estudio de las variables craneométricas genéricas. Ya se ha reseñado que 12 individuos presentan una morfología bien mesocráneana (8) o bien braqui (3) o hiperbraquicraneana (1). Por su parte, existen 4 ejemplares dolicocraneos y 1 hiperdolicocraneo. Por tanto, la morfoscopia y la métrica encajan con el patrón amerindio típico, con algunas excepciones.

Es de destacar por su singularidad el ejemplar número 1, sin modificación craneal (Figura 37) e hiperdolicocráneo. En este ejemplar, dos de los índices de Gill y Gilbert (1990) arrojan valores que se encuentran justo en el punto de corte para blancos y nativos americanos y el tercero en la franja amerindia. El cálculo de funciones discriminantes para ascendencia blanca-amerindia de Giles y Elliot (1962), que evalúa ocho variables, ofrece un valor de 20,04, claramente por debajo del punto de corte (22,28) lo que, *a priori*, apuntaría al origen caucasoide de este ejemplar. Como elemento de comparación, el valor de las funciones discriminantes para el cráneo número 4, que por su integridad permite también este tipo de análisis, es de 91,58, dentro de la franja amerindia. A pesar de ello, determinados rasgos morfoscópicos apoyan la ascendencia amerindia del cráneo Nº 1 como la morfología de las suturas ectocraneales, de la sutura palatina transversa y de la sutura cigomático-temporal, así como rasgos mandibulares tales como la forma del mentón, el ángulo goniaco y la anchura y robustez de la rama ascendente mandibular.

Para evaluar este caso hay que tener en cuenta dos consideraciones. En primer lugar, en todo grupo étnico hay variaciones individuales con sujetos que se salen de la norma. En segundo lugar, no hay que pensar que todo el colectivo amerindio presenta una única tipología, sino que existen diversos morfotipos. De hecho, en el área sudamericana se ha podido comprobar una gran heterogeneidad craneométrica (Sardi *et al.*, 2004), la cual se ha interpretado como el resultado de cuatro posibles causas: a) pequeña población inicial con gran dispersión posterior en ambientes distintos, b) contribución genética paleoamericana sobre la población amerindia, c) múltiples oleadas migratorias procedentes de diversas regiones y e) un poblamiento muy antiguo, de más de 13.000 años (ídem). Manejando estas hipótesis hay que recordar que, si bien la genética demuestra un origen común, el morfotipo de la población paleoamericana es muy diferente al de la amerindia, presentando la primera unos ejemplares craneanos más robustos y dolicocráneos y la segunda otros más gráciles y globulosos, braqui o mesocráneos. En cualquier caso la posible aportación paleoamericana o paleoindia, más marcada en unas zonas de América que en otras, puede haber contribuido a que determinadas poblaciones actuales tengan una morfología dolicocraneana o cercana a la misma. Por ello, no es de extrañar que se encuentren ejemplares de este tipo en contextos americanos no influidos por el mestizaje con población europea.

Por otro lado, considerando el último punto comentado y teniendo en cuenta la posible datación de la colección, ya de época colonial, no se puede descartar que el ejemplar en cuestión (Nº 1) pueda ser resultado de un proceso de mestizaje con importante aportación genética caucasoide procedente de españoles. Al hilo de este comentario, téngase en cuenta que esta consideración es válida también para otros individuos de la colección, que pueden presentar también esta aportación en un grado tan bajo que no pueda detectarse por morfoscopia o métrica craneal.

ESTUDIO ANTROPOLÓGICO CRANEAL

De acuerdo a los datos antropométricos craneales obtenidos y a la estatura estimada, y en relación con lo comentado anteriormente, Varela (1972) destaca en su trabajo que en los restos de Chinchero "no encuentra diferencias importantes con la tipología andina", caracterizada por "baja estatura, braquicefalia con algunos focos de mesocefalia, cráneo ligeramente elevado y anchura bicigomática grande", aunque sí aprecia una baja mesocefalia y escasa anchura bicigomática. A pesar de que indica, citando a Alcina, que los individuos "son probablemente indígenas pero que existe la posibilidad de que algunos enterramientos fuesen de españoles" y resalta que la población en el momento de escribir su artículo "se incluye dentro del complejo racial y cultural quechua", al interpretar sus datos concluye que "no considera probable la existencia en la colección de elementos raciales aportados por la colonización española, ya que no ha encontrado entre los ejemplares examinados individuos de clara tipología mediterránea" (véanse los comentarios hechos a este respecto en el epígrafe anterior).

En el presente trabajo, se hace un estudio craneal morfoscópico y otro métrico. En lo relativo al primero hay que resaltar la presencia de hueso apical en 4 ejemplares y huesos *wormianos* o suturales en 9 de los 18 evaluables. Respecto al estudio métrico, al observar las características medias de la colección, ya se ha comentado que el índice craneal correspondería mayoritariamente al tipo mesocráneo *(vid. supra.* Figura 39), con desviaciones hacia los segmentos braqui y dolicocráneo (véase apartado anterior). Considerando otros índices, se aprecia también que predominan los tipos hipsi-ortocráneo y euri-metriometópico. Por su parte, el análisis por sexos (con la limitación del bajo número de individuos de ambos grupos), revela que los valores de las variables más significativas y con *n* mayor, como la longitud y la anchura craneal máximas, son —como cabría esperar— claramente mayores en los ejemplares masculinos que en los femeninos.

Estas características craneológicas, sin embargo, han de tomarse con cautela si se quieren comparar con las de otras colecciones o poblaciones, ya que la existencia de modificaciones craneales —si bien son moderadas— influye indudablemente en los valores registrados y los índices calculados.

A continuación se analiza la craneometría de los ejemplares en función de que presenten o no modificación craneal cultural. Así, en la Figura 40 *(vid. supra.)* se comparan los mismos parámetros entre los grupos de individuos sin y con modificación craneal, distinguiendo dentro de éste último entre tabulares erectos y anular oblicuo. Destaca, lógicamente, una mayor anchura craneal en los ejemplares tabulares erectos que en el único ejemplar con modelado anular y en los no modelados. Por otro lado se observa una mayor longitud total en el anular oblicuo que en los tabulares y en los no modelados. Sorprende, sin embargo, encontrar en los tabulares erectos (comprimidos en sentido anterio-posterior) un valor medio de longitud cercano al del ejemplar anular oblicuo y, sobretodo, mayor que el correspondiente a los cráneos normales.

Puesto que el único ejemplar oblicuo es femenino, y entre los erectos y no modificados hay ejemplares de ambos sexos, y con el objeto de aclarar el punto anterior, se hace un último análisis considerando sólo los cráneos femeninos *(vid. supra.* Figura 41). Al eliminar el factor distorsionador del dimorfismo sexual, se aprecia que los tabulares erectos presentan una menor longitud y una mayor anchura que los cráneos no modificados y –por supuesto— que el ejemplar oblicuo. Hay que tener en cuenta, sin embargo, que todas estas consideraciones, si bien se ajustan en sus valores medios a lo esperado para los distintos tipos de modificación, tienen un valor muy relativo por el pequeño tamaño de los grupos considerados y la dispersión de los valores en los mismos.

ESTUDIO DE PALEOPATOLOGÍA

La patología encontrada, referida en el capítulo de resultados, no se presta a comentarios especiales, aunque hay que constatar la ausencia de casos de trepanación craneal en los ejemplares de la colección, práctica encontrada comúnmente en los estudios antropológicos del Área Andina (Fernández, 2000; Yépez, 2006).

MODIFICACIÓN CRANEAL

En su estudio, antes mencionado, Varela (1972), indicó la existencia de modificaciones de carácter cultural en 8 cráneos de la colección; 6 de ellos del tipo tabular oblicuo, 1 tabular erecto y 1 anular oblicuo, según la clasificación de Imbelloni (Dembo e Imbelloni, 1938). En este trabajo se han detectado modificaciones en 15 ejemplares de los 22 en los que esta condición se puede valorar. Dejando aparte el caso anular oblicuo, los ejemplares tabulares se han filiado todos como de tipo erecto (fronto-occipital u occipital) y no oblicuo, como indicó Varela; todos ellos de grado moderado. Esto significa que existe un aplanamiento frontal y/o occipital pero no de la magnitud que puede apreciarse en cráneos encontrados en otros yacimientos del área peruana, como Paracas, Nazca,

Huara, etc. y en otras regiones de Sudamérica (Dembo e Imbelloni, 1938; Weiss, 1961; Weiss, 1962; Yépez, 2006; Borja, 2006; Pérez, 2007; Torres-Rouff, 2002; Torres-Rouff y Yablonsky, 2005; Torres-Rouff, 2007; Schijman, 2005; Cocilovo *et al.*, 2011; Manriquez *et al.*, 2006; Drube, 2010; Munizaga, 1987; Cocilovo, 2010).

Llama la atención que, estando Chinchero en pleno altiplano, es decir, en un área serrana, sólo se encuentre un cráneo con modificación anular o circular, técnica propia de esa región (Weiss, 1961). Los demás son del tipo tabular erecto de Imbelloni, bien plano-lámbdico o bien intermedio, con aplanamiento frontal y occipital. Estas formas corresponderían a las llamadas también por Munizaga (1987) tabular erecto plano-occipital y tabular erecto variedad fronto-occipital. Entre éstos últimos, destaca la mayor frecuencia de las formas intermedias frente a las plano-lámbdicas. Sin embargo, hay que tener en cuenta, que en parte de los ejemplares clasificados dentro del primer grupo (concretamente cuatro) no es posible determinar con plena seguridad si existe un aplanamiento frontal, por faltar este hueso en parte o en su totalidad. A pesar de ello, se ha optado por clasificarlos dentro del grupo de los intermedios porque el aspecto del hueso remanente y/o la morfología global del cráneo encaja mejor con éste último grupo.

Los dos tipos tabulares erectos mencionados corresponderían a los llamados respectivamente por Weiss (1961) occipital costeño (inca costeño) y fronto-occipital costeño (*vid. supra.* Figuras 8 y 10), ambos típicamente originados por cuna y propios de la costa peruana. De estos, en la mayoría de los casos la presión occipital se ejerce sobre el punto lambda, lo que provoca un aplanamiento posterior en un plano paralelo al plano frontal que pasa por los puntos bregma y basion y afecta a occipital y parietales. En el resto de casos la presión es en la zona prelámbdica u obélica y afecta más a los huesos parietales.

El único tipo de los no modificados por cuna descrito por Weiss en el que también podrían encajar algunos de los ejemplares tabulares de la colección, es el tipo Chavín-Cavernas (*vid. supra.* Figuras 8 y 10). Esta modalidad —que es también fronto-occipital—, encontrada en el yacimiento de Cerro Colorado y correspondiente a la cultura Paracas, adopta formas muy parecidas y a veces idénticas a las formas costeñas producidas por cuna. La única diferencia sería que en los modelados tipo Cavernas se da una mayor regularidad y menos asimetría, lo que sugiere que eran originadas por un aparato cefálico, que bien pudiera haber sido un *llautu* con rosca de algodón posterior, una cinta o una *cunita* cefálica (Weiss, 1961).

Como se ha indicado en el apartado de resultados, en varios ejemplares con modificaciones tabulares se aprecia la presencia de surco bregmático o postbregmatico, así como rastros de la posible aplicación de vendajes. Este hecho indicaría que pudieron usarse vendas al mismo tiempo que al niño se le colocaba en la cuna deformadora o bien que los modelados encontrados correspondieran más bien a los definidos por Weiss como tipo Cavernas, descritos en el párrafo anterior.

Se ha indicado que un ejemplar presentaba un surco sagital en la región obélica, rasgo sugerente de la aplicación de algún sistema modelador que incluyera una banda o pretina sagital. Cabe pensar que la antedicha banda formara parte de una cuna o bien que el sujeto sufriera además una compresión fruto de un aparato libre o algún tipo de vendaje. Por otro lado, en dos ejemplares se detecta en la zona posterior una superficie de presión no plana, que podría corresponder a la aplicación de roscas de algodón mediante *llautu*. Estas dos características encajarían dentro de los modelados del tipo Cavernas.

En cualquier caso, se clasifiquen las modificaciones tabulares encontradas en la colección como formas por cuna o como formas por *llautu* del tipo Cavernas, ambas modalidades son consideradas de origen costeño y no serrano, particularidad que se comenta en detalle más adelante.

Un aspecto interesante a tener en cuenta es el grado moderado de las modificaciones tabulares, en ningún modo comparable al encontrado en otras zonas, como Nazca o Paracas. A este respecto, cabe pensar que esto podría responder al hecho de que dichos modelados se hubieran hecho poco acusados de forma deliberada tras la prohibición de esta práctica. Por otro lado, cabe plantearse si son o no intencionales. En efecto, la cuna era utilizada como un instrumento modelador, sin embargo es conocido cómo ciertos hábitos a la hora de acostar al niño, pueden originar modificaciones cefálicas de forma involuntaria. Incluso hoy en día, los profesionales de la medicina encuentran deformaciones craneales involuntarias producidas por el descanso continuado del niño en posición de decúbito supino, que origina aplanamientos —a veces pronunciados— en la región occipital, denominados con el término genérico de *plagiocrania (o deformación craneal) posicional* (Martínez-Lage *et al.*, 2012). En este sentido, no se puede descartar que algunos de los casos encontrados en esta colección correspondan a este tipo de modificaciones, producidas de forma involuntaria pero fruto de la continuidad de prácticas antiguas, en lo que se refiere a las posturas en que se colocaba a los infantes en sus cunas durante el descanso, quizás apoyados sobre almohadas o superficies duras (ídem).

Al considerar el sexo, se aprecia que el porcentaje de cráneos masculinos modificados es mucho mayor que el de femeninos, aunque el tamaño de la muestra no permite hacer afirmaciones concluyentes. No se considera útil estudiar la relación entre modificación y otras variables, como la edad de la muerte, ya que la modificación se produce en la niñez y se conserva a lo largo de toda la vida. Sí podría tener interés estudiar esta circunstancia si todos los ejemplares perteneciesen a la misma generación y hubiese sido precisamente en esa época cuando se hubiera abandonado el hábito de la modificación craneal. La existencia de la misma en individuos de edad avanzada y la ausencia en jóvenes tendría significado, pero al existir la posibilidad de que los ejemplares pertenezcan a épocas diferentes, este análisis no aporta datos de interés.

Por último, no se puede establecer si hay alguna relación entre la localización de los enterramientos dentro del yacimiento y la tipología de la modificación craneal, ya que en las publicaciones no se identifica qué individuos corresponden a los enterramientos individuales y cuales a los osarios. En las zonas CH-I y CH-II, que son las que incluyen mayor número de ejemplares, existen cráneos normales y modificados de tipo fronto-occipital y occipital. Esta circunstancia parece lógica, ya que en esas zonas estaba localizado un osario. A la zona CH-III pertenece un caso de cada uno de los dos tipos de modificación mencionados y a la CH-4 el caso único de modificación anular (*vid. supra.* Figura 3). En la literatura publicada sobre la excavación no se han encontrado registros que permitan conocer el origen de los cuatro ejemplares cuya signatura comienza por S I (números 1, 2, 3 y 4), individualizados y por tanto pertenecientes al grupo GRI, ni del resto de los ejemplares con signatura S I, no identificados individualmente y clasificados en este trabajo dentro del denominado grupo GRC.

De todo lo señalado es este epígrafe sobre modificación craneal, conviene destacar el hecho, mencionado anteriormente, de que —de toda la colección— sólo uno de los ejemplares de cráneo modificado corresponda a un tipo de deformación típicamente serrana, el Nº 28, con modificación anular oblicuo de Imbelloni o aimara de Weiss, originada por vendajes cefálicos circunferenciales *(llautu)*. Esto es especialmente relevante teniendo en cuenta que Chinchero se encuentra en plena sierra, en el mismo valle del Cuzco, y muy cerca de la antigua capital imperial incaica. En cambio, en la colección estudiada, predominan tipos de modificación craneal tabulares erectos producidas por el efecto de aparatos cefálicos incorporados a la cuna de los infantes, clasificados por Weiss como occipital costeño o inca costeño y fronto-occipital costeño. Estos tipos, como ya observó Weiss, eran más propios de la costa peruana, y no de la zona serrana. Téngase en cuenta, como se ha comentado antes, que aunque algunos casos pudieran corresponder a las formas Cavernas, éstas son también modalidades propias de la costa.

Este hecho de la predominancia en la colección de formas de origen costeño es interesante porque hace pensar que la población de Chinchero, al menos en la época incaica final y la época colonial temprana pudo haber estado integrada en un porcentaje importante por individuos foráneos, procedentes de las regiones costeñas. Aunque es aventurado hacer afirmaciones sobre ello, podría pensarse que el fenómeno de los *mitimaes* o *mitmakunas* pudiera haber tenido relación con este hecho. Otra posibilidad es que las costumbres costeñas fueran importadas al área serrana por los movimientos migratorios y aplicadas a individuos nacidos en el altiplano, quizás de origen genético costeño. Evidentemente, esta afirmación no deja de ser una hipótesis, sugerida a partir de la observación de un hecho cultural singular, como es el de la tipología de las modificaciones craneales. En este sentido, por un lado los estudios de genética poblacional y por otro de presencia de isótopos estables como el carbono, el nitrógeno o el estroncio en el tejido óseo o dental, podrían permitir obtener datos fiables sobre la dieta y el origen de los individuos estudiados, y de alguna forma, confirmar o desmentir la hipótesis aquí planteada. Como se ha mencionado anteriormente, en los individuos estudiados no se han observado hiperostosis del conducto auditivo. Este tipo de lesión se ha descrito como resultado de otitis repetidas, y se ha puesto en relación con la actividad profesional continuada de buceo —normalmente con el fin de recolectar moluscos y otros productos marinos o lacustres— (Pezo *et al.*, 2009) por lo que se considera propio de regiones costeñas o cercanas a grandes lagos. A la vista de la ausencia de este rasgo, cabe pensar que si los individuos de esta colección con modificaciones craneales costeñas provenían de estas áreas, o no se dedicaron anteriormente a estas labores o fueron desplazados a la zona serrana en su infancia o juventud.

ANTROPOLOGÍA DENTAL

Como se ha señalado previamente en los capítulos de Introducción y Material y método, el estudio antropológico dental puede aportar abundante y valiosa información sobre aspectos como la dieta, el nivel de higiene y de salud bucal, el estrés sistémico o la posible adscripción de los individuos a determinadas poblaciones. Al no presentarse en la mayoría de ellos conjuntamente maxilar y mandíbula, estar algunas de éstas estructuras incompletas y ser las cifras absolutas de número de dientes bajas, las lesiones presentes tienen un valor relativo. Sí que se puede, sin embargo –y con las limitaciones propias del número de individuos estudiados—, hacer algunas consideraciones sobre dieta y salud bucal.

Se aprecia que la afectación de los individuos de la colección por las dos enfermedades bucales más prevalentes, caries y periodontitis era significativa. Considerando los rangos de edad, se observa –como es lógico- una mayor tasa de caries en adultos de edad media y una menor (por las pérdidas dentarias) en adultos de edad avanzada. Como es sabido, la prevalencia de la caries dental está en relación con la existencia de una dieta rica en carbohidratos y pobres niveles de higiene oral de la población (Bradshow y Lynch, 2013), como debió ocurrir en Chinchero en la época estudiada. En este sentido no se han encontrado signos de abrasión en los cuellos dentales que sugieran algún tipo de actividad de higiene oral o marcas en las superficies proximales por el uso continuado de palillos para la limpieza de los espacios interdentales. Por otro lado es conocida la tradición existente en la zona de consumir hojas de coca, las cuales son mezcladas con la *llijta*, una ceniza alcalina de origen vegetal con alto contenido en bicarbonato, para formar un bolo que se coloca en la zona vestibular molar. Pues bien, se ha demostrado una mayor incidencia de caries de cuello en molares en los consumidores de este producto. De hecho la presencia de estas lesiones se considera un marcador fiable de este hábito tras demostrarse su correlación con las pruebas realizadas en cabello (Indriati y Buikstra, 2001). En cuatro individuos de la colección objeto de este estudio, se encuentran estas lesiones de caries de cuello en molares.

En cuanto a la periodontitis, las causas están también en relación con los niveles de higiene y factores inmunológicos y de predisposición personal (Lindhe *et al.*, 2008). La afectación periodontal en la colección estudiada es más uniforme que la de caries en relación con la edad, encontrándose casos moderados y avanzados en los rangos etarios de adultos jóvenes y de edad media.

El desgaste dental en las caras oclusales y bordes incisales es muy alto en algunos individuos, lo que sugiere una dieta abrasiva, poco refinada y/o una actividad masticatoria aumentada. La abrasión es típica de las poblaciones con alto consumo de cereales, entre ellos el maíz, que es molido con instrumentos de piedra o metates que desprenden una cantidad de polvo abrasivo (Rodríguez Cuenca, 2003). Como era de esperar, se aprecian valores del índice de Molnar sensiblemente más altos para el grupo de adultos de edad media que para el de adultos jóvenes. En el grupo de adultos de edad avanzada los resultados no son valorables, por las ausencias dentarias y por contar sólo con un individuo dentado. En cualquier caso, sí que se aprecia que determinados ejemplares de la colección presentan un desgaste dental muy alto frente a otros en que este desgaste es menor, lo que sugiere la posible existencia de dietas algo diferentes. Se ha señalado que, en general, en estas poblaciones, los individuos de clase privilegiada presentaban un menor desgaste que la gente común, precisamente por el uso de una dieta más variada y menos abrasiva (Chi Keb, 2011).

En cuanto a los rasgos de los complejos dentales poblacionales, hay que señalar que, a pesar de que se han detectado en algunos ejemplares incisivos en pala, prolongaciones de esmalte, cúspide 7, tubérculo palatino, patrón tetracuspídeo en molares inferiores, agenesia de cordales o inclusión de los mismos, su valor es casi anecdótico. Téngase en cuenta que los rasgos estudiados se dan en cada población en porcentajes determinados y limitados, lo que implica que para obtener resultados fiables y sólidos sobre las características de una colectividad y su relación con la población en la que está inmersa, es necesario estudiar muestras muy amplias, lo que no es el caso de la colección estudiada en este trabajo.

CONCLUSIONES

1. La colección estudiada constituye una singularidad en nuestro país en lo que se refiere a restos óseos de origen amerindio por el número de ejemplares que la integran y por la presencia de modificaciones craneales culturales.
2. Los rasgos antropológicos morfoscópicos y métricos apuntan a que los individuos integrantes de esta colección son de ascendencia amerindia, aunque no se puede descartar que en algunos individuos exista una cierta carga genética caucasoide por mestizaje.
3. No es posible establecer la datación precisa de la muerte de los individuos integrantes de la colección con la información disponible, pero los indicios encontrados apuntan a que, al menos aquellos ejemplares que presentan modificaciones craneales, pertenecen a periodos tempranos de la época Colonial.
4. No se encuentran alteraciones patológicas relevantes ni signos dentales de estrés sistémico, por lo que no se pueden hacer consideraciones sobre la calidad de vida de la población.
5. El predominio de modificaciones craneales del tipo tabular erecto propias de las regiones costeras, sugiere el desplazamiento de población de estas áreas a la sierra o la existencia de algún tipo de influencia costeña.
6. El grado moderado de las modificaciones craneales puede implicar que, o bien se hicieran deliberadamente de forma poco acusada tras la prohibición de esta práctica, o bien que, al menos parte de las mismas no tuviera un carácter intencional, estando en relación con el mantenimiento de hábitos posturales al acostar a los niños en las cunas.
7. El estudio dental sugiere, a pesar de lo limitado de la muestra, la existencia de una higiene oral deficiente con importante prevalencia de caries y periodontitis. Así mismo, el desgaste dental muestra importantes variaciones interindividuales, lo que puede indicar diferencias en los hábitos alimentarios.

BIBLIOGRAFÍA

Alcina, J., 1970. Excavaciones en Chinchero (Cuzco). Temporadas 1968 y 1969. *Revista Española de Antropología Americana,* 5, pp. 9-122.

Alcina, J., 1976. *Arqueología de Chinchero, 1. La Arquitectura.* Madrid: Ministerio de Asuntos Exteriores.

Alcina, J., Rivera, M., Galván, J., García C., Guinea, M., Martínez-Caviró, B., RamosL. J. y varela. T., 1976. *Arqueología de Chinchero 2. Cerámica y otros materiales.* Madrid: Ministerio de Asuntos Exteriores.

Alonso, A., ed., 2000. *Colecciones de Arqueología y Etnología de América. Universidad Complutense de Madrid.* Consejo Social de la Universidad Complutense de Madrid ed. Madrid.

Bass, W. M., 1995. *Human osteology. A laboratory and field manual.* 4th ed. Columbia: Missouri Archaeological Society.

Borja, C. A., 2006. Deformaciones cefálicas artificiales en el antiguo Perú. *Odontología Sanmarquina,* 9, pp. 31-35.

Bradshow, D. J. y Lynch, R. J., 2013. Diet and the microbial aetiology of dental caries: new paradigms. *International Dental Journal,* 2, pp. 64-72.

Brooks, M. L., Gills. G. W., Carlson, G. F., Bozell, J. R., Steinacher, T. L., 1999. Microevolution and the skeletal traits of a middle archaic burial: Metric and multivariate comparison to paleoindians and modern amerindians. *American Antiquity,* 64, pp. 527-545.

Brothwell, D. R., 1993. *Desenterrando huesos. La excavación, tratamiento y estudio de restos del esqueleto humano.* Madrid: Fondo de Cultura Económica.

Buikstra, J. E. y Ubelaker, D. H., 1994. Standards for data collection from human skeletal remains. Fayettville: *Arkansas Archeological Survey Research,* Series No 44.

Byers, S. N., 2005. *Introduction to forensic Anthropology. A textbook..* 2nd ed. Boston: Pearson.

Chi Keb, J. R., 2011. El desgaste dental. En: A. Cucina, ed. *Manual de Antropología dental.* Mérida: Ediciones de la UADY, pp. 162-165.

Cocilovo, J. A., 2010. La distribución de la deformación artificail del cráneo en el área andina centro sur. *Relaciones de la Sociedad Argentina de Antropología,* XXXV, pp. 41-68.

Cocilovo, J., Varela, H. y O'Brien, T., 2011. Effects of artificial deformation on cranial porphogenesis in the South Central Andes. *International Journal of Osteoarchaeology,* 21, pp. 300-312.

Cucina, A., 2011. Morfología dental. En: A. Cucina, ed. *Manual de Antropología Dental.* Mérida: UADY.

Dembo, A. y Imbelloni, J., 1938. *Deformaciones intencionales del cuerpo humano de caracter étnico.* Buenos Aires: Humanior. Biblioteca del Americanista Moderno.

Drube, H. D., 2010. La deformación de cráneo en las sociedades precolombinas de Santiago del Estero. *Relaciones de la Sociedad Argentina de Antropología,* XXXV, pp. 69-84.

Fernández, J. M., 2000. Trepanación y cirugía de cráneo en el antiguo Perú. *Revista de Arqueología,* Año XXI(230-231), pp. 1-51.

France, D. L., 1998. *Observational and metric analysis of sex in the skeleton.* Springfield: Charles C. Thomas.

Genovés, S., 1967. Proportionality of the long bones and their relation to stature among Mesoamericans. *American Journal of Physical Anthropology,* 26, pp. 67-68.

Giles, E., 1970. Discriminant function sexing of the human skeleton. En: T. D. Steward, ed. *Personal identifiction in mass disasters.* Wasington D. C.: Smithsonian Institution, pp. 99-110.

Giles, E. y Elliot, O., 1962. Race identification from cranial mesaurements. *Journal of forensic Sciences,* 7, pp. 147-157.

Gill, G. W., 1995. Challenge on the frontier: Discerning american Indians from whites osteologically. *Journal of Forensic Sciences,* 40, pp. 783-788.

Gill, G. W. y Gilbert, B. M., 1990. Race identificacion from the midfacial skeleton: American blacks and whites. En: R. J. S. Gill G. W, ed. *Skeletal attribution of race: Methods for forensic Anthropology. Anthropological Papers 4.* Albuquerque: Maxwell Museum of Anthropology, pp. 47-54.

Gruspier, K. L. y Mullen, G. J., 1991. Maxillary suture obliteration: A test of Mann method. *Journal of Forensic Science,* 36, pp. 512-519.

Gustafson, G., 1950. Age determination on teeth. *Journal of the American Dental Association,* 41, pp. 45-54.

Hanihara, K., 1967. Racial characteristics at the dentition. *Journal of Dental Research,* 46, pp. 923-926.

Hanihara, K., 1969. Mongoloid dental complex in the permanent dentition. En: *Proceedings of the 8th International Congress of Anthopological and Ethnological Sciences 1968.* Tokyo y Kyoto, pp. 297-300.

Hillson, S., 2002. *Dental Anthropology.* 3rd ed. Cambridge: Cambridge University Press.

Indriati, E. y Buikstra, J., 2001. Coca chewing in prehistoric coastal Peru: Dental evidence. *American Journal of Physical Anthropology,* 114, pp. 242-257.

Krenzer, U., 2006. *Compendio de métodos antropológico-forenses para la reconstrucción del perfil osteo-biológico.* 1ª ed. Guatemala: CAFCA.

Krogman, W. M., 1962. *The human skeleton in forensic medicine.* Springfield: Charles C. Thomas.

Lindhe, J., Lang, N. y Karring, T., 2008. *Clinical periodontology and implant dentistry.* 5th ed. Oxford: Wiley-Blackwell.

Lovejoy, C. O., 1985. Dental wear in the Libben population: Its functional pattern and role in the determination of adult skeletal age at death. *American Journal of Physical Anthropology,* 68, pp. 47-56.

Mann, R. W., Symes, S. A. y Bass, W. M., 1987. Maxillary suture oblitaeration: aging the human skeleton based on intact or fragmentary maxilla. *Journal of Forensic Sciences,* 32, pp. 148-157.

Manriquez, G., González-Bergás, F. E., Salinas, J. C. y Espoueys, O., 2006. Deformación intencional del cráneo en poblaciones arqueológicas de Arica, Chile: Análisis preliminar de morfometría geométrica con uso de radiografías craneofaciales. *Chungara, Revista de Antropología Chilena,* 38, pp. 13-34.

Martínez-Lage, J. F. y otros, 2012. Deformaciones craneales posicionales. *Anales de Pediatría,* 77, pp. 176-183.

Mayhall, J. T., Saunders, S. R. y Belier, P. L., 1982. The dental morphology of North American withes: A reapraisal. En: B. Kurten, ed. *Teeth: form, fuction, and evolution.* New York: columbia University Press, pp. 245-258.

Meindl, R. S. y Lovejoy, C. O., 1985. Ectocranial suture closure: A revised method for determination or skeletlage at death based on the lateral anterior sutures. *American Journal of Physical Anthropology,* 68, pp. 57-66.

Menéndez, A., Gómez-Valdés, J. y Sánchez-Mejorada, G., 2011. Comparación de ecuaciones de regresión lineal para estimar estatura en restos óseos humanos de población mexicana. *Antropo,* 25, pp. 11-21.

Molnar, S., 1971. Human tooth wear, tooth function and cultural varibility. *american Journal of Physical Anthropology,* 34, pp. 175-189.

Munizaga, J. R., 1987. Deformación craneana intencional en América. *Revista Chilena de Antropología,* 6, pp. 113-147.

Parker, M., 2003. *The archaeology of death and burial.* Thrupp: Sutton Publishing.

Pérez, S. I., 2007. Artificial cranial deformation in South America: a geometric morphometrics approximation. *Journal of Archaeological Science,* 34, pp. 1649-1658.

Pezo, L., Pezo, S. y Eggers, S., 2009. Exóstosis auditiva como marcador osteológico de actividad acuática en poblacioes formativas de la costa norte del Perú. *Paleopatología,* 6, pp. 1-18.

Pucciarelli, H. M., 2004. Migraciones y variación craneofacial humana en América. *Complutum,* 15, pp. 225-247.

Reverte, J. M., 1999. *Antropología forense.* 2ª ed. Madrid: Ministerio de Justicia.

Rodríguez-Cuenca, J. V., 2003. *Dientes y diversidad humana. Avances de la Antropología dental.* Bogotá: Guadalupe Ltda.

Romero, J., 1986. Catálogo de la coleccionde dientes mutilados prehispánicos, IV parte.. En: México DF: Colección Fuentes, Instituto Nacional de Antropología e Historia.

Sardi, M. L., Ramírez, F., Dahinten, S. L. y Pucciarelli, H. M., 2004. Amerindians: Testing the hypothesis about their homogeinity. *Comptes Rendus Paleovol,* 3, pp. 403-409.

Schijman, E., 2005. Artificial cranial deformation in newborns in the pre-Columbian andes. *Child's Nervous System,* 21, pp. 945-950.

Tiesler, V., 2012. *Transformarse en maya. El modelado cefálico entre los mayas prehipánicos y coloniales.* México D. F.: Universidad Nacional Autónoma de México- Universidad Autónoma de Yucatán.

Torres-Rouff, C., 2002. Cranial Vault Modificatio and ethnicity in middle horizon San Pedro de Atacama, Chile. *Current Anthropology,* 43(1), pp. 163-171.

Torres-Rouff, C., 2007. La deformación craneana en San Pedro de Atacama. *Estudios atacameños: Arqueología y Antropología Surandinas,* 33, pp. 25-38.

Torres-Rouff, C. y Yablonsky, L., 2005. Cranial vault modification as a cultural artifact: a comparison of the Eurasian steppes and the Andes. *Journal of Comparative Human Biology,* 56, pp. 1-16.

Trotter, M. y Glesser, G. C., 1958. A re-evaluation of estimation of stature based on mesurements of stature taken during life and of long bones after death. *American Journal of Physical Anthropology,* 16, pp. 79-123..

Turner II, C. G., 1990. Major features of Sundadonty and Sinodonty, including suggestions about East Asian microevolution, population history, and late Pleistocene relationships with Australian aboriginals. *American Journal of Physical Anthropolgy,* 82, pp. 295-317.

Turner II, C. G., Nichol, C. R. y Scott, G. R., 1991. Scoring procedures for key morphological traits of the permanent dentition: the Arizona State University Dental Anthropology System. En: M. A. y. L. C. S. Kelley, ed. *Advances in Dental Anthropology.* New York: Wiley-Liss.

Turner II, G. C., 1987. Late pleistocene and holocene population history of east Asia based on dental variation. *American Journal of Physical Anthropology,* 73, pp. 305-321.

Ubelaker, D. H., 1999. *Human skeleton remains: Excavation, Analisis, Interpretation..* 3rd. ed. Washington D. C.(D. C): Taraxacum.

Valcárcel, E., 1985. *Historia del Perú antiguo a través de la fuente escrita.* 5ª ed. Lima: Mejía Baea.

Varela, T. A., 1972. Restos humanos procedentes de las excavaciones de Chinchero (Cuzco). *Revista Española de Antropología Americana,* VII(2), pp. 245-254.

Weiss, P., 1961. *Osteología cultural. Prácticas cefálicas. 2ª parte. Tipología de las deformaciónes cefálicas. Estudio cultural de los tipos cefálicos y de algunas enfermedades óseas.* Lima: Universidad Nacional de San Marcos.

Weiss, P., 1962. Tipología de las deformaciones cefálicas de los antiguos peruanos según la osteología cultural. *Sobretiro de la Revista del Museo Nacional,* XXXI, pp. 15-41.

White, T. D. y Folkens, P. A., 2005. *The human bone manual.* Burlington: Elsevier Academic Press.

Yépez, R., 2006. *La práctica cultural de modelar la cabeza en dos culturas andinas del Antiguo Perú: Paracas y Chancay. Un estudio de los procesos de significación de la cabeza modelada intencionalmente,* México D. F: Universidad Nacional Autónoma de México.

Yépez, R., 2009. El simbolismo de la modificación cultural de la cabeza en la cultura andina de Paracas del antiguo Perú. *Estudios de Antropología Biológica,* XIV-II, pp. 523-545.

Yépez, R. y Arzápalo, R., 2007. La práctica cultural de modificar el cuerpo como un texto de información e interpretación social para la Antropología física. Una perspectiva semiótica. *Papeles de trabajo,* 15, pp. 75-108.

ANEXOS

ANEXO 1: INVENTARIO

Ejemplar	1	2	3	4	5	6	7	8	9	10	11	12	13	14	15	16	17	18	19	20	21	22	23	24	25	26	27	28	n	%
Neurocráneo (>10%)	1	1	1	1	1	1	1	1	1	1	1		1	1	1	1	1	1	1	1	1	1	1	1		1	1	1	26	92,86
Esplacnocráneo (>25%)	1			1		1													1										4	14,29
Maxilar superior	1	1		1		1	1					1							1							1	1		9	29,63
Mandíbula emparejada	1					1							1	1	1		1	1		1		1		1		1	1		14	50,00
Estudio dental	1	1				1	1					1	1	1	1		1	1	1	1		1		1	1	1	1		18	64,29
Cantidad del cráneo conservada (del total de neuro + esplacnocráneo)																														
> 75%	1			1		1										1			1										5	17,86
25-75% presente		1	1				1	1	1		1			1			1	1		1	1	1	1	1			1	1	17	62,96
< 25% presente					1																				1	1			6	21,43
Cráneo fragmentado y reconstruido							1	1	1	1	1	1	1	1	1	1	1		1	1	1	1	1						16	59,26
Mandíbula fragmentada y reconstruida													1	1	1	1	1									1			6	42,86
Ejemplares con posible modificación del total	1	1	1			1	1	1	1	1	1			1	1		1		1	1		1				1	1		15	53,57
Ejemplares con posible modificación de los que tienen neurocráneo >10%	1	1	1			1	1	1	1	1	1			1	1		1		1	1		1				1	1		15	57,69
Puntos craneométricos identificables del total de ejemplares																														
Glabela	1	1	1	1		1	1	1							1		1	1	1	1	1	1	1				1	1	17	60,71
Nasion	1	1	1	1		1	1	1							1			1	1	1		1	1				1	1	13	46,43
Bregma	1	1	1	1	1	1	1	1	1	1	1		1	1	1	1	1	1	1	1		1	1				1	1	22	78,57
Lambda	1	1	1	1		1	1	1	1	1	1		1	1	1	1	1	1	1	1	1	1	1	1		1	1	1	25	89,29
Basion	1		1	1								1		1					1								1		7	25,00
Opiston	1	1	1	1		1								1	1				1								1		8	28,57
Aptos para craneotrigonometría básica (polígono de Klaatsch)	1		1	1																							1		5	17,86
Aptos craneotrigonometría parcial						1									1														2	7,14

BIBLIOGRAFÍA

ANEXO 2.- DATOS ANTROPOMÉTRICOS (medidas en mm)

PARÁMETRO	1	2	3	4	5	6	7	8	9	10	11	12	13	14	15	16	17	18	19	20	21	22	23	24	25	26	27	28
Longitud craneal máxima (gl-opc)	180	181	182	165		157	164	174	169						182		175	169	166	173	160		169				161	173
Anchura craneal máxima (eu-eu)	125	141	130	130		137	125	129	129	137				132	134		133	124	128	133	134	137	130				135	115
Anchura facial media o máx. O bicigomática (ci-ci)	120			120		105								124					124									
Altura basion-bregma (ba-br)	136		131	139										124					134									
Longitud de la base del cráneo (ba-na)	98		97	90															99									
Longitud de la base facial (ba-pr)	95			86															75									
Anchura maxilo-alveolar (ecm-ecm)	60			56		60													68	69							59	
Longitud maxilo-alveolar (pr-alv) (alveolon)	49			43								60							43									
Anchura biauricular (au-au)	118	109		117		120	105							123			120	110		119		123					104	110
Altura facial superior (na-pr)	63			65		70													68									
Anchura frontal mínima (ft-ft)	98	95		90		90	89	86	87						100		90	110	90	90			91				86	80
Anchura facial superior (fmt-fmt)	105			100		95													100									
Altura nasal (n-ns)	46			50		53												91	51									
Anchura nasal (al-al)	23	29		25		22	25												21								20	
Anchura orbital izq. (d-ec)	38			41		34													36									
Anchura orbital dch. (d-ec)	38			41		36													40									
Altura orbital izq.	36			37		35													40									
Altura orbital dch.	36			35		36																						
Anchura biorbital (ec-ec)	96			94		87													95									
Anchura interorbital (d-d)(d: dacrion)	28			20		20																						
Cuerda frontal (n-b)	110			109		105	105	112	105					98	115	113	102	103	113	109	101	107	103				104	112
Cuerda parietal (br-la)	121	112		109		105	100	108	111	115	114			95	108	99			101	107	120	107	108			99	113	114
Cuerda occipital (la-o)	102			90		98	107								104				92		94	108	88				92	
Longitud del foramen magno (ba-o)	39			31										34					29									
Anchura del foramen magno	31			28										33					25									33
Longitud del proceso mastoideo	29	27		29		25	21	25						28	28		35	26	34	25		27			38	32	22	22
Altura de la sínfisis mand. (id-gn)	31					30								22	35	27	38	26		32		33			34	31	24	
Grosor del cuerpo mandibular	33					30								21	33	28	30	31		29		33				32	24	
Altura máxima de la rama ascendente mand.	15					15								13	10	11	12	10		12		10			16	12	11	
Longitud en proyección del cuerpo mand.	72					65								80	82	82	70	71		70		82				76	74	
Longitud mandibular total	44						92								105		101	95			104		102			91	99	83
Ángulo de la rama ascendente mand. o goniaco	108	95				122								120	110	115	116	122		130		116				122	126	
Ángulo de la sínfisis mandibular	64					50								50	50	50	55	60		50		40		50		38	48	
Subtensa naso-maxilo frontal	8			5		8																						
Subtensa naso-cigoorbital	26			23		20																				46	35	
Subtensa naso-alfa	18			10		14																				68	39	
Anchura maxilo-frontal	20			16		27																					61	
Anchura cigo-orbital	59	62		64		50	63												58							104	95	
Cuerda alfa	30	40		30		28	36																			50	38	
Anchura incisivo lat sup	8,5																										31	

Gl: glabela Opc: opistocráneo. Br: bregma. L: lambda Na: nasion. Ba: basion Op: opistion. Eu: eurion. Pr: prostion. Ci: cigomático. n: número de individuos. Me: media aritmética. SD: Desviación típica.

ANEXO 3: DATOS Y ESTIMACIÓN DE SEXO, GRUPO DE EDAD Y ASCENDENCIA

	1	2	3	4	5	6	7	8	9	10	11	12	13	14	15	16	17	18	19	20	21	22	23	24	25	26	27	28
SEXO																												
Valores protocolo Ubelaker	44444	34430	43430	13220	00000	12213	11110	23430	20320	30000	00000	30000	00000	54000	44334	30000	45334	42312	32310	22323	20010	34004	24310	00000	00000	32003	21113	21210
Sexo estimado	MASC	MASC	MASC	FEM	IND	FEM	FEM	INDET	FEM	INDET	INDET	INDET	FEM	MASC	MASC	IND	MASC	FEM	FEM	FEM	FEM	MASC	FEM	INDET	INDET	MASC	INDET	FEM
EDAD																												
Grupo edad estimado	AJ	AJ	AM	AM	IND	AJ	AJ	AJ	AA	AJ	AJ	AM	AM	AA	AA	AJ	AM	AA	AJ	AM	AJ	AJ	AJ			AJ	21	AM
ASCENDENCIA																												
Índice gnático de Flower IGF	96,94			95,56															75,76									
Ángulo facial alfa AFA	88,00			88,00		80,00																						
Tipo gnático	ORTOG			ORTOG		ORTOG																						
Índice nasal IN	50,00			50,00		41,51												0,00	41,18									
Tipo nasal	MESOR			MESORR		LEPTO																						
Índice maxilofrontal (IMF) (corte amerindio-blanco: 40)	40,00			31,25		29,63																						
Índice cigo-orbital (ICO) (corte amerindio-blanco: 38)	44,07			35,94		40,00																						
Índice alfa (IA) (corte amerindio-blanco: 60)	60,00			33,33		50,00																						
Índice de rama (IR) (Ca: 48-50, Mo: 50-60, Ne: 56-58)	48,65					58,00								54,90		55,00	45,45			49,12		53,33				55,88	74,36	
ESTIMACIÓN ASCENDENCIA	AMER	AMER	AMER	AMER	IND	AMER	AMER	AMER	AMER	AMER	AMER	AMER	IND	AMER	AMER	IND	AMER	IND	AMER	AMER	IND	AMER	IND	AMER	AMER	AMER	AMER	AMER

Estadios de edad (Buikstra y Ubelaker, 1994): 1I: Primera infancia (0-2 años), 2I: segunda infancia (2-12 años), S: Subadulto (12-20 años), J: Adulto joven (20-35 años), M: Adulto medio (35-50 años), A: Adulto de edad avanzada (> 50 años). n: número de individuos. M: media aritmética. SD: Desviación típica.

BIBLIOGRAFÍA

ANEXO 4: ÍNDICE CRANEALES Y MANDIBULARES

	1	2	3	4	5	6	7	8	9	10	11	12	13	14	15	16	17	18	19	20	21	22	23	24	25	26	27	28
	69,44	77,90	71,43	78,79		87,26	76,22	74,14	76,33						73,63		76,00	73,37	77,11	76,88	83,75		76,92				83,85	66,47
	HIPER DOLI	MESO	DOLICO	MESO		H PERBR	MESO	DOLI	MESO						DOLICO		MESO	DOLIC	MESO	MESO	BRAQ		MESO				BRAQ	BRAQ
Índice verticolongitudinal (IVL)	75,56		71,98	84,24		66,67													80,72									
	HIPSICRA		ORTOC	HIPSI		HIPERLE													HIPSI									
Índice verticotransversal (IVT)	108,80		100,77	106,92		-02,94								93,94					104,69									
	ACROCRA		ACROC	ACRO		HIPSICO								METR					ACROC									
Índice frontotransversal (IFT)	78,40	67,38		69,23		65,69	71,20	66,67	67,44						74,63		67,67	88,71	70,31	67,67			70,00				63,70	69,57
	EURIME	METR		EURIM		STENO	EURI	METR	METR						EURIME		METRIO	EURIM	EURIM	METRI			EURIM				STEN	EURI
Índice facial superior (IFS)	52,50		54,17																									
	MESENO		MESEN																									
Índice orbital de Broca (dacrial) (IOB) (Izq))	94,74		90,24																									
	HIPSICON		HIPSICO			HIPSICO																						
Índice nasal	50,00		50,00			41,51												0,00	41,18									
	MESORRI		MESOR			LEPTOR													LEPTOR									
Índice maxiloalveolar (palatoalveolar) (IMA)	122,45		130,23																158,14									
	BRAQUIU		BRAQUI																BRAQ									
Índice gnatico de Flower (max. Sup.)	96,94		95,56																75,76									
	ORTOGN		ORTOG																ORTOG									
Índice mandibular (IM)						63,11											54,69					69,49				62,30	61,62	
	BRAQ					BRAQ											BRAQ					BRAQ				BRAQ	BRAQ	
Angulo goniaco (AG)	108,00					122								120	110	115	116	122		130		116				104	126	
	LEPT					LEFT								LEPT	LEPT	LEPT	LEPT	LEPT		LEPT		LEPT				LEPT	LEPT	
Ángulo de la sinfisis (AS)	64					50								50	50	50	55	60		50		40			50	50	48	
Índice de rama (IR)	48,65					58,00							42	54,90		55,00	45,45			49,12		53,33				55,88	74,36	

57

ESTUDIO ANTROPOLÓGICO DE LAS ESTRUCTURAS CEFÁLICAS

ANEXO 5: MORFOSCOPIA 1

	1	2	3	4	5	6	7	8	9	10	11	12	13	14	15	16	17	18	19	20	21	22	23	24	25	26	27	28
NORMA SUPERIOR																												
Relación anch/long (dol, subdol, meso, subbraq, braq)	HIPER DOLI	MESO	DOLI	MESO	X	HIPE BRA	MES	DOLI	MES	X	X	X	X	X	DO	X	MES	DOLI	MES	MES	BRA	X	MES	X	X	X	BRA	BR
Tipo de Sergi	OVO	ESFER	OVO	OVO	NV	OVO	OVO	ROM	ESFEN	RO	RO	NV	NV	ESFER	ELIP	RO	RO	OVO	OVO	OVO	RO	RO	OVO	OV	NV	NV	OV	OV
Fenocigia/Criptocigia	FEN	FEN	FEN	FEN	NV	FEN	FEN	FEN	FEN	NV	NV	NV	NV	NV	NV	NV	NV	NV	FEN	FEN	NV	NV	NV	NV	NV	NV	NV	FEN
Asimetría craneal superior	SI	NO	NO	NO	NV	SI	SI	SI	NO	NO	NO	NV	NV	NO	SI	NO	SI	SI	SI	SI	SI	NO	NO	NO	NV	NV	NO	NO
NORMA LATERAL																												
Relación alt/long (came, orto, hipsi)	HIPSI CRAN	X	ORTO CRAN	HIPSI CRAN	X	X	X	X	X	X	X	X	X	X	X	X	X	X	HIPSI CRAN	X	X	X	X	X	X	X	X	X
Glabela (Ubelaker)	4	3	3	2	NV	1	1	2	2	NV	NV	NV	NV	NV	3	NV	3	1	1	2	1	NV	1	NV	NV	NV	1	1
Depresión coronal o postcoronal	NO	SI	NO	NO	NV	SI	SI	NO	NO	NO	NO	NV	NV	SI	NO	NO	SI	SI	LIG	LIG	LIG	LIG	NO	NV	NV	NV	NO	SI
Depresión prelambdoidea	NO	NO	NO	NO	NV	SI	NO	NO	NO	NO	NO	NV	NV	NO	NO	NO	NO	NO	NO	NO	NO	NO	NO	NV	NV	NV	SI	NO
Aplanamiento posterior	PRE LAM	PRE LAM	LAM	PRE LAM	NV	LAM	PRE LAM	PRE LAM	PRE LAM	PRE LAM	PRE LAM	NV	NV	LAM	PRELAM	LAM	LAM	PRE LAM	LAM	PRE LAM	PRE LAM	PRE LAM	PRE LAM	NV	NV	LAM	PRE LAM	NO
Inion (Broca)	4	2	3	1	NV	1	1	2	3	3	3	NV	NV	4	4	3	4	4	3	1	1	3	3	NV	NV	NV	1	2
Pterion izq/dcho. (H, X, K)	H/H	H/NV	K/NV	H/H	NV	NV	NV	NV	NV	NV	NV	NV	NV	NV	NV	NV	NV	NV/H	NV/H	NV/H	NV	NV	NV	NV	NV	NV	NV	NV
Abombamiento suprainiano	NO	SI	SI	SI	NV	NO	NO	NO	NO	SI	SI	NV	NV	NO	SI	SI	NO	NO	NO	NO	NO	NO	SI	NV	NV	NV	NO	NO
NORMA ANTERIOR																												
Relación alt/anchura	ACRO	X	ACRO	ACRO	X	X	X	X	X	X	X	X	X	MET	X	X	X	X	ACRO	X	X	X	X	X	X	X	X	X
Metopismo	NO	NO	NO	NO	NV	NO	NO	NO	NO	NO	NV	NV	NO	NO	NO	NV	NO	NO	NO	NO	NO	NO	NO	NV	NV	NV	NO	SI
Cresta o quilla sagital	NO	NO	NO	SI	NV	NO	NO	SI	SI	NO	NO	NO	NO	MUY LIG	NO	NO	SI	NO	NO	NO	NO	SI	NO	NV	NV	NV	NO	SI
Forma de las órbitas	CUAD	NV	NV	CUAD	NV	RED	NV	NV	NV	NV	NV	NV	NV	NV	NV	NV	NV	NV	RED	NV	NV	NV	NV	NV	NV	LAM	NV	NV
Asimetría facial	SI	NV	NV	NC	NV	NO	NO	NV	NV	NV	NV	NV	NV	FRON	SI	NV	NV	NV	SI	NO	NV	NV	NV	NV	NV	NV	NV	NV

NV: no valorable

ANEXO 6: MORFOSCOPIA 2

	1	2	3	4	5	6	7	8	9	10	11	12	13	14	15	16	17	18	19	20	21	22	23	24	25	26	27	28
NORMA POSTERIOR																												
Contorno (cuneiforme, esferoi., domi., domi. marcado, tienda)	ESFER	DOM MAR	DOM	DOM	NV	ES FER	ES FER	DOM	DOM	DOM	ES FER	NV	NV	DO MAR	ES FER	ES FER	DOM MAR	ES FER	ES FER	DOM	ES FER	DOM	ES FER	NV	NV	NV	ES FER	TIEN
Hueso apical (uni, bi, tri)	NO	UNI	UNI	NO	NV	NO	BI	NO	NO	NO	NO	NV	NV	NO	UNI	NO	NO	NV	NV	NO	NO	NO	NO	NV	NV	NV	NO	NV
Hueso epactal o inca (único, bipartito, tripartito)	NO	NO	NO	NO	NV	NO	NO	NO	NO	NO	NO	NV	NV	NO	NO	NO	NO	NV	NV	NO	NO	NO	NO	NV	NV	NV	NO	NV
Huesos suturales o *wormianos* (izq./dcha.)	SAG, LAM D	LAM D I	NV	NO	NV	LAM I D	LAM I	LAM I	NO	NO	NO	NV	NV	NO	NO	SI I D	NO	NV	3I 1D	2D	NO	NO	NO	NV	NV	NV	2I 3D	NO
Depresión sagital	NO	NO	SI	NO	NV	NO	NC	NO	SI	NO	NO	NV	NV	NO	SI	NO	NO	SI	SI	NO	NO	NO	NO	NV	NV	NV	NO	NO
Asimetría craneal posterior	NO	NO	NO	NO	NV	NO	SI	SI	NO	NO	NO	NV	NV	NO	NO	NO	NO	SI	SI	SI	SI	NO	NO	NV	NV	NV	NO	NO
NORMA INFERIOR																												
Foramen magno (pica, rombo, elipse, circulo, triángulo)	ELIPSE	NV	ROM	ELIP	NV	NV	NV	NV	NV	NV	NV	NV	NV	ROM	NV	NV	NV	NV	ELIP	NV	NV	NV	NV	NV	NV	NV	NV	NV
Arcada sup./ paladar presente	SI	SI	NO	SI	NO	SI	SI	NO	NO	NO	NO	NV	NO	NO	NO	NO	NO	NV	SI	SI	NV	NV	NV	NV	NV	NV	SI	NV
Torus palatino	NO	NO	NV	NO	NV	NO	NO	NV	NV	NV	NV	NV	NV	NV	NV	NV	NV	NV	NO	NO	NV	NV	NV	NV	NV	NV	NO	NV
Incisivos superiores en pala	NO	NV	NV	NV	NV	NV	NV	NV	NV	NV	NV	NV	NV	NV	NV	NV	NV	NV	SI	NV	NV	NV	NV	NV	NV	NV	SI	NV
Forma arcada dental (parábola, elipse, hipérbola)	HIPÉRB	NV	NV	ELIPSE	NV	ELIPSE	HIPÉ	NV	NV	NV	NV	NV	NV	NV	NV	NV	NV	NV	HIPÉ	ELIP	NV	NV	NV	NV	NV	NV	ELIP	NV
MANDÍBULA																												
Mandíbula presente	SI	NO	NO	NO	NO	SI	NO	NO	NO	NO	NO	NV	SI	SI	SI	SI	SI	SI	NO	SI	NO	SI	NO	SI	SI	SI	SI	
Relación long./anch. (braqui, meso, dolicognatos)	BRA	X	X	X	X	BRA	X	X	X	X	X	X	X	X	X	X	BRA	X	X	X	X	BRA	X	X	X	BR	BR	X
Angulo goniaco (lepto o cameprosopa)	LEPT	X	X	X	X	LEPT	X	X	X	X	X	X	X	LEPT	LEPT	LEPT	LEPT	LEPT	X	LEPT	X	LEPT	X	X	X	LEP	LE	X
Mentón (tipos Schultz 1-6)	3	NV	NV	NV	NV	2	NV	NV	NV	NV	NV	NV	1	5	3	3	3	1	NV	3	NV	3	NV	3	4	3	3	NV
Torus mandibular	SI	NV	NV	NV	NV	NO	NV	NV	NV	NV	NV	NV	NO	NO	NO	NO	NO	NO	NV	NO	NV	NO	NV	NO	NO	NO	NO	NV

NV: no valorable

ESTUDIO ANTROPOLÓGICO DE LAS ESTRUCTURAS CEFÁLICAS

ANEXO 7: MODIFICACIÓN CRANEAL 1

	5	12	13	24	24	1	4	7	16	18	20	21	23
Cráneo modificado	NV	NV	NV	NV	NV	NO	NO	NO	NO	NO	NO	NO	NO
Clasificación de Weiss	NV	X	X	X	X	X	X	X	X	X	X	X	X
Clasificación de Imbelloni/Tiesler	NV	X	X	X	X	X	X	X	X	X	X	X	X
Presión anterior	NV	NV	NV	NV	NV	NO	NO	NO	NV	NO	NO	NO	NV
Presión posterior	NV	NV	NV	NV	NV	NO	NO	NO	NO	NO	NO	NO	NO
Tipo de superficie	NV	X	X	X	X	X	X	X	X	X	X	X	X
Plano de presión posterior/plano fro. Ba-Br	NV	X	X	X	X	X	X	X	X	X	X	X	X
Aplan. obelion/ prelamda fisiologico (oblic. plano fron. Br-Ba)	NV	NV	NV	NV	NV	SI	SI	SI	SI	SI	SI	SI	SI
Grado medio de aplanamiento													
Anterior	NV	X	X	X	X	X	X	X	X	X	X	X	X
Posterior	NV	X	X	X	X	1	X	X	X	X	X	X	X
Surco frontal	NV	NV	NV	NV	NV	X	X	X	NV	X	X	X	X
Morrillo	NV	NV	NV	NV	NV	X	X	X	NV	X	X	X	X
Surco bregmático	LIG	NV	LIG	NV	NV	X	X	X	X	M LIG	X	X	X
Cintura premastoidea	NV	NV	NV	NV	NV	X	X	X	NV	X	X	X	X
Banda sagital	NV	NV	NV	NV	NV	X	X	X	X	X	X	X	X
Trepanación	NV	NV	NV	NV	NV	X	X	X	X	X	X	X	X
Lesión suprainiana	NV	NV	NV	NV	NV	X	X	X	X	X	X	X	X
Exóstosis auditiva	NV	NV	NV	NV	NV	X	X	X	NV	X	X	NV	X
Manchas verdes	X	NV	NV	NV	NV	X	X	X	NV	X	X	X	X
Pseudoplagiocrania	NV	NV	NV	NV	NV	X	X	X	NV	SI	SI	NV	X
Pseudoplagioprosopia	NV	NV	NV	NV	NV	X	X	X	NV	NV	NV	NV	X
Asimetría craneal tafonómica	NV	NV	NV	NV	NV	SI	X	X	X	SI	X	SI	X
Asimetría facial tafonómica	NV	NV	NV	NV	NV	SI	X	X	NV	NV	X	NV	X
Sexo	I	I	F	I	I	M	F	F	I	F	F	F	F
Grupo de edad	I	AM	AM	AM	AA	AJ	AM	AJ	AJ	AA	AM	AJ	AJ

NV: no valorable. I: indeterminado. M: masculino. F: femenino. AJ: adulto joven. AM: adulto de edad media. AA: adulto de edad avanzada.

ANEXO 8: MODIFICACIÓN CRANEAL 2

	6	19	27	15	2	3	17	9	22	8	14	26	10	11	28
Modificación craneal	SI	SI	SI	SI	SI	SI	SI	SI	SI	SI	SI	SI	SI	SI	SI
Clasificación de Weiss	INCA COST	INCA COST	INCA COST	INCA COST	FR-OC COST	FR-OC COST	FR-OC COST	FR-OC COST	FR-OC COST	FR-OC COST	FR-OC COST	FR-OC COST	FR-OC COST	FR-OC COST	AIMARA
Clasificación Imbelloni/Tiesler	T E PLA LAMBD	T E PLA LAMBD	T E PLA LAMBD	T E PLA LAMBD	T E INTERM	T E INTERM	T E INTERM	T E INTERM	T E INTERM	T E INTERM	T E PLA LAMB O INTER	T E PLA LAMB O INTER	T E PLA LAMB O INTER	T E PLA LAMB O INTER	ANUL OBL CILINDRIC
Presión anterior	NO	NO	NO	NO	FRONTAL	FRONTAL	FRONTAL	FRONTAL	FRONTAL	FRONTAL	NV	NV	NV	NV	X
Presión posterior	LAMB	LAMB	LAMB	PRELAM	LAMB	LAMB	LAMB	PRELAM	PRELAM	PRELAM	LAMB	LAMB	PRELAMBDA	PRELAMBDA	X
Tipo de superficie	PLANO	PLANO	PLANO	PLANO BILOBUL	PLANO	ROSCA	PLANO	PLANO	PLANO	ROSCA	PLANO	PLANO	PLANO	PLANO	X
Plano pres. post./pl. fro. Ba-Br	PARAL	PARAL	PARAL	OBLICUO	PARAL	PARAL	PARAL	OBLIC	OBLIC	OBLIC	PARAL	NV	OBLIC	OBLIC	X
Grado medio de aplanamiento	1,5	1	1	1	2,5	2,5	3	2	1,5	2	NV	NV	3	2	X
Anterior	0	0	0	0	2	3	3	2	1	2	NV	NV	NV	NV	X
Posterior	3	2	2	2	3	2	3	2	2	2	3	2	2	2	X
Surco frontal	X	X	X	X	X	X	SI	X	NV	X	NV	NV	NV	NV	LIGERO
Morrillo	X	X	X	X	X	X	X	X	X	X	X	X	X	X	SI
Surco bregmático	M LIG	LIG	X	M LIG	M LIG	X	SI	X	LIGERO	X	M LIG	NV	X	X	MARC
Cintura premastoidea	X	X	X	X	X	X	X	X	X	X	X	NV	NV	NV	X
Banda sagital	X	?	X	CBEL LAM	X	SI	X	X	X	X	X	NV	X	X	X
Trepanación	X	X	X	X	X	X	X	X	X	X	X	NV	X	X	X
Lesión suprainiana	X	X	X	X	X	X	X	X	X	X	X	NO	X	X	X
Exóstosis auditiva	X	X	X	X	X	X	X	X	X	X	X	NO DCHA	NV	NV	X
Plagiocrania	X	SI	X	X	X	X	SI	X	X	X	X	NV	X	X	X
Plagioprosopia	X	X	X	NV	X	X	NV	X	X	X	NV	NV	NV	NV	X
Asimetría craneal tafonómica	X	X	X	X	X	X	X	X	X	X	X	NV	X	X	X
Asimetría facial tafonómica	X	SI	X	NV	X	X	NV	X	X	X	X	NV	NV	NV	X
Sexo	F	F	I	M	M	M	M	F	M	I	M	M	I	I	F
Grupo de edad	AJ	AJ	SI	AA	AJ	AM	AM	AA	AJ	AJ	AA	AJ	AJ	AJ	AM

Te: Tabular erecto. NV: no valorable. I: indeterminado. M: masculino. F: femenino. AJ: adulto joven. AM: adulto de edad media. AA: adulto de edad avanzada.

ESTUDIO ANTROPOLÓGICO DE LAS ESTRUCTURAS CEFÁLICAS

ANEXO 9: DATOS DEL ESTUDIO ANTROPOLÓGICO DENTAL DE LOS EJEMPLARES ADULTOS (CON DENTICIÓN DEFINITIVA)

	1	5	6	11	12	13	14	15	16	17	18	19	21	23	24	25
Presente maxilar, mandíbula o ambos	AMBOS	AMBOS	MAX	MAX	MAND	MAND	MAND	MAND	MAND	MAND	MAX	AMBOS	MAND	MAND	MAND	MAND
Nº máximo de dientes posible según presente maxilar o mandíbula	32	32	16	16	16	16	16	16	16	16	16	32	16	16	16	16
Nº dientes presentes en el estudio (DPE)	27	10	3	9	7	0	8	5	1	0	8	20	15	14	12	8
Nº dientes perdidos *antemortem*	0	0	5	3	1	16	0	0	4	8	2	0	0	0	0	0
Nº de alveolos vacíos post mórtem	3	18	7	4	8	0	8	11	11	8	6	12	1	2	3	8
Nº dientes presentes *antemortem* (DPA)	30	28	10	12	15	0	16	16	12	8	13	32	16	16	15	16
Agenesias dentarias	2	0	0	0	0	0	0	0	0	0	0	0	0	0	0	0
Nº de dientes afectos de caries	0	1	0	1	5	0	5	3	1	0	0	5	2	9	0	0
Nº de lesiones de caries (superficies)		1		1	6	0	7	4	1	0	0	5	2	9	0	0
Nº de alveolos con diente y lesión periodotal localizada	9	8	3	1	1	0	0	1	0	0	2	1	6	9	12	6
Nº de lesiones periapicales, fístulas o abscesos	0	0	0	0	1	0	0	0	0	1	0	3	0	0	0	0
Nº de dientes con hipoplasia de esmalte	0	0	0	0	0	0	0	0	0	0	0	0	0	0	0	0
% de dientes presentes de los 32 posibles	84,38	31,25	9,38	28,13	21,88	0,00	25,00	15,63	3,13	0,00	25,00	62,50	46,88	43,75	37,50	25,00
% de agenesias	6,25	0,00	0,00	0,00	0,00	0,00	0,00	0,00	0,00	0,00	0,00	0,00	0,00	0,00	0,00	0,00
% de dientes presentes de DPA	90,00	35,71	30,00	75,00	46,67	X	50,00	31,25	8,33	0,00	61,54	62,50	93,75	87,50	80,00	50,00
% de dientes careados de DPE	0,00	10,00	0,00	11,11	71,43	X	62,50	60,00	100,00	X	0,00	25,00	13,33	64,29	0,00	0,00
% de dientes *antemortem* con lesión periapical, fístula o absceso	0,00	0,00	0,00	0,00	6,67	X	0,00	0,00	0,00	12,50	0,00	9,38	0,00	0,00	0,00	0,00
Cálculo dental (0: no, 1: ligero, 2: medio, 3: considerable)	1	1	1	0	2	X	0	1	1	X	1	2	2	0	3	0
Destrucción de hueso alveolar (0: no, 1: ligero, 2: medio, 3: considerable)	1	3	3	1	3	4	3	2	3	3	3	2	2	3	3	2
Patología maxilofacial	X	X	X	X	X	X	X	X	X	X	X	X	X	X	X	X
Estadio de desgaste dental de Molnar	3	2	6	3	5	X	2	3	7	X	4	7	3	2	7	3
Modificaciones dentales culturales	X	X	X	X	X	X	X	X	X	X	X	X	X	X	X	X
Clase molar de Angle Izq/Dcha	II-I	X	X	X	X	X	X	X	X	X	X	X	X	X	X	X
Dientes rotados	INCIS INF	X	X	X	X	X	X	X	X	X	X	X	X	X	1	0
Incisivos en pala	0	NV	NV	0	NV	NV	NV	NV	NV	NV	1	0	0	0	0	NV
Tubérculo de Carabelli	0	0	0	0	0	0	0	0	0	0	0	NV Atric	0	0	NV Atric	0
Protostílido	0	0	0	0	0	0	0	0	0	0	0	NV Atric	0	0	NV Atric	0
Cúspide 6	0	0	0	0	0	0	0	0	0	0	0	NV Atric	0	0	NV Atric	1
Cúspide 7	0	0	0	1	0	0	0	0	0	0	0	0	0	0	0	0
Cresta distal accesoria en el canino inferior	0	0	0	X	0	0	0	0	0	0	0	0	0	0	NV	0
Nº de molares con prolongación de esmalte	4	2	0	0	1	0	5	1	0	0	0	1	5	1	1	5
Nº de prolongaciones de esmalte en molares	4	2	0	0	1	0	8	2	0	0	0	1	6	1	1	10
Nº de incisivos presentes	7	0	1	1	1	0	0	0	0	0	1	2	3	4	2	0
Nº de primeros molares superiores presentes	2	1	0	0	0	0	0	0	0	0	2	2	0	0	0	0
Nº de primeros molares inferiores presentes	2	2	0	0	0	0	2	2	0	0	0	2	2	2	2	2
Nº de caninos inferiores presentes	2	0	0	X	0	0	0	1	0	0	0	2	2	2	2	2
Nº de molares presentes erupcionados	10	7	0	5	6	0	0	3	0	0	0	8	6	4	4	5
% de primeros molares superiores con tubérculo de Carabelli	0	0	NV	0	NV	NV	NV	0	NV	NV	0	NV	NV	NV	NV	NV
% de primeros molares inferiores con protostílido	0	0	NV	NV	NV	NV	0	0	NV	NV	0	0	0	0	0	0
% de primeros molares inferiores con cúspide 6	0	0	NV	NV	NV	NV	0	0	NV	NV	0	NV	NV	NV	NV	50
% de primeros molares inferiores con cúspide 7	0	0	NV	NV	NV	NV	0	0	NV	NV	0	NV	NV	NV	NV	0
% de caninos inferiores con cresta distal	0	NV	NV	X	NV	NV	NV	0	NV	NV	NV	0	0	0	NV	0
% de molares erupcionados con prolongación de esmalte	40,00	28,57	NV	0,00	16,67	NV	NV	33,33	NV	NV	NV	12,50	83,33	25,00	25,00	100,00